10 razones
para una dirección estoica

Miguel Ángel Martín García

10 razones
para una dirección estoica

© Miguel Ángel Martín García

© Skr Preparadores S.L.
General Arrando 5, entresuelo izquierda
28010 Madrid

© Dextra Editorial S. L.
c/ Arroyo de Fontarrón, 271, 28030 Madrid
Teléfono: 91 773 37 10
info@dextraeditorial.com

Diseño de cubierta: Álvaro Molina Rollano

ISBN: 978-84-10026-37-7
Depósito Legal: M-11734-2025
Impreso en España-*Printed in Spain*

"El sueño de la razón produce monstruos".

Francisco de Goya.

"El Management será, cada vez más, la disciplina y la práctica a partir de la cual las Humanidades adquirirán de nuevo reconocimiento influencia y relevancia".

Peter F. Drucker.

ÍNDICE

Índice

PRESENTACIÓN

"Piensa en lo posible, ignora lo imposible". Esta frase, expuesta de manera tan sencilla hace más de 2.000 años por los pensadores estoicos, encierra en sí misma toda una guía para gobernarse hoy en la vida con la serenidad necesaria para no perder el sentido y el orden. En una época de turbulencias e incertidumbres como la que vivimos actualmente tener un decálogo de razones que desarrollen lo que encierra esa cápsula de sabiduría, que es precisamente lo que hace este libro, es una forma de otorgar orden y sentido estoico a la forma de actuar en la vida, tanto de las personas como de las organizaciones.

Si uno pasea por las librerías y analiza con detenimiento los libros dedicados al equilibrio personal y a la dirección de organizaciones observará que el crecimiento de la propuesta de títulos tiene como eje fundamental la búsqueda del equilibrio y la guía de la razón cuando, precisamente, alrededor se produce todo lo contrario: explosión de la ansiedad personal y desorden e incertidumbre contextual.

Precisamente, no de manera premeditada sino casual y afortunadamente oportuna, me encuentro actualmente con dos libros en lectura combinada: *The Anxious Generation: How the Great Rewiring of Childhood Is Causing an Epidemic of Mental Illness,* obra escrita por Jonathan Haidt y *Sirens' Call: How Attention Became the World's Most Endangered Resource* que tiene a Chris Hayes como autor. El primero es un acertadísimo análisis de la situación de desbordamiento de las capacidades de autogestión en un entorno incierto y de la multiplicidad de factores incontrolables que está desembocando en un *tsunami* emocional en los individuos y convirtiendo en la ansiedad en una enfermedad en estado constante de metástasis. El segundo, por su parte, aborda los problemas que tenemos en la actualidad, a nivel individual y social, para dedicar un recurso tan preciado como es nuestra atención realmente centrada en los asuntos que realmente importan. La ansiedad como síntoma y el cuidado de la atención como herramienta sosegada y templada en la toma de decisiones son precisamente dos asuntos de radical actualidad que el estoicismo como filosofía práctica afronta.

Atinadamente, el principio central del estoicismo es la dicotomía del control: debemos enfocar nuestras energías solo en lo que podemos controlar y aceptar lo que no podemos cambiar. O dicho de manera más sencilla: aprender a distinguir entre lo que depende de nosotros y lo que no. Este enfoque reduce la ansiedad y nos permite tomar decisiones más conscientes, sin quedar atrapados por emociones destructivas.

Es, de esta manera, una brújula más vigente que nunca para no desorientarse en la conducta personal y en la dirección de las organizaciones. En la vida personal, porque los principios estoicos ayudan a cultivar una mentalidad resiliente: la práctica diaria de la gratitud, la visualización negativa (imaginar la pérdida para valorar lo que se tiene) y el enfoque en la virtud —actuar con justicia, sabiduría, valentía y templanza—, fortalece el carácter y promueve una vida más equilibrada. Y la dirección de las organizaciones, porque los principios estoicos se traducen en liderazgo ético, toma de decisiones racionales y culturas laborales más humanas. Un líder estoico no busca controlar todo, sino enfocarse en lo que puede mejorar: su actitud, sus palabras, su ejemplo. Frente a la incertidumbre o el fracaso, el estoicismo invita a mantener la calma, aprender de la experiencia y avanzar con propósito. Además, al fomentar una visión de largo plazo y una ética del deber, el estoicismo ayuda a construir equipos más sólidos y coherentes, donde el bienestar común pesa más que los intereses individuales.

El libro que el lector tiene en sus manos desmenuza de manera apasionada y apasionante los principios del estoicismo sirviéndose de un decálogo que ordena las razones de la vigencia actual de esta filosofía milenaria. No se trata de un libro de filosofía, sino de afirmación actual de su vigencia y de la gratificación de su praxis. Es así como el hilo de Ariadna que nos invita a encontrar el camino de regreso al equilibrio y la toma de decisiones presididas por la serenidad y la templanza. Uno se encontrará junto a Séneca, Marco Aurelio y Epicteto a una miríada de voces actuales que claman vigorosamente por reafirmar hoy sus enseñanzas. La bibliografía que da soporte a este libro, sabiamente elegida y cuidada, es otro de los regalos con los que su autor nos invita a seguir aprendiendo si, como esperamos, el autor despierta la curiosidad para entender los mecanismos que mueven hoy el mundo en el que vivimos. La introducción es, en sí misma, un ejercicio de análisis vigoroso y certero de la actualidad social, institucional y política que ayuda a dar contexto actual a la vigencia que se propone, y consigue, acreditar su autor.

Con esta publicación en nuestra Colección *Micromiradas* queremos contribuir, de la mano de Miguel Ángel Martín, a que las personas y las organizaciones puedan apropiarse, de forma estructurada y ordenada, de las virtudes del estoicismo.

Gracias Miguel Ángel por tu generosidad intelectual y personal y por el buen tino no solo en la elección de la materia sino también por el uso cuidado de un tesoro tan poco protegido hoy en día: el lenguaje. Y gracias, muy especialmente a ti lector, porque en estos momentos en que los cantos de sirena reclaman nuestra atención continuamente para cometidos superficiales has decidido dedicarla a fortalecerla dedicándola a una lectura sosegada y reflexiva; a una lectura estoica.

Enrique Cortés
Director de SKR Escuela de Gobierno y Transformación Pública

1
INTRODUCCIÓN. LA FILOSOFÍA ESTOICA: UNA GUÍA FIABLE EN TIEMPOS DE CONFUSIÓN E INCERTIDUMBRE

El estoicismo está de moda

No creo equivocarme si afirmo que el estoicismo está de moda. Como prueba de ello, se pueden citar algunos hechos significativos: el primero es la, cada vez más abundante, producción editorial, ya sean nuevas ediciones de los principales autores de esta corriente filosófica, recopilaciones de sus textos, libros que relacionan el estoicismo con autores y corrientes filosóficas posteriores o libros interpretativos que nos ofrecen una visión de su contenido y lo acercan a nuestra realidad cotidiana.

Entre estos últimos, tras el rotundo éxito de *Cómo ser un estoico* de Massimo Pigliucci y de la publicación de: *Estoicismo: Una introducción al estilo de vida estoico* de Ryan James en 2018, vio la luz, en el año 2021, el trabajo de John Sellars: *Lecciones de estoicismo.*

Filosofía antigua para la vida moderna. Más recientemente, en 2022, se ha publicado en España y por primera vez en castellano: *La Stoa. Historia de un movimiento espiritual* de Max Pohlenz[1], el más completo, profundo y ambicioso tratado existente sobre la filosofía estoica.

En segundo lugar, es también cada vez más frecuente, aunque, en no pocas ocasiones, se aborde de una manera superficial, la presencia del estoicismo en los medios de comunicación a través de reportajes, reseñas o artículos.

Baste citar algunos como botón de muestra:

- "Manual de los estoicos para soportar la pandemia: Hay que aceptar lo inevitable y luchar por lo posible". "El pensamiento de Epícteto, Séneca y Marco Aurelio cada vez tiene más seguidores. Además, la psicología ya ha probado la eficacia de sus enseñanzas para afrontar los momentos más difíciles". (*El Mundo.* 11/02/2021).
- "La filosofía de hace dos milenios para afrontar los problemas del siglo XXI. Las ideas del estoicismo, que han inspirado las terapias psicológicas con mejor evidencia científica, han tomado impulso durante la pandemia para gestionar tiempos inciertos". (*El País.* 30/08/2022).
- "Los estoicos frente a la batalla cultural moderna. Esta filosofía vuelve en las épocas difíciles". (*La Razón.* 7/08/2022).
- "Luis Enrique, rendido al estoicismo: los preceptos de una filosofía para personas de acción". "El entrenador de

---

[1] Pohlenz concluye su obra en 1943 y la publicará años después del final de la II Guerra Mundial.

la selección española en el Mundial de Qatar, Luis Enrique Martínez, muestra su interés por las enseñanzas de Marco Aurelio, Seneca y Epícteto, referentes clásicos del estoicismo". (*ABC*. 2/12/2022).

- "Por qué un estoico encuentra antes empleo. La serenidad, el coraje, la justicia y la templanza son los atributos de los estoicos. También la sabiduría, que Marco Aurelio definía como el arte de aceptar aquello que no puede ser cambiado, es la esencia de estos profesionales que están en el punto de mira de las empresas". (*Expansión*. 28/01/2023).

- "¿Puede el estoicismo ayudarnos en estos tiempos de incertidumbre? En los últimos años, estamos asistiendo a un potente resurgir de lo que se ha venido conociendo como movimiento neoestoico. Pero ¿puede una filosofía tan antigua y desplegada bajo circunstancias tan distintas como es el estoicismo ayudarnos a superar emocionalmente nuestras incertidumbres actuales?". (*National Geographic*. 15/01/2024).

- "La moda del estoicismo a examen: ¿Mejora realmente la salud mental? Algunos investigadores están evaluando los supuestos beneficios de una tendencia al alza: acercarse a los textos estoicos en busca de un mayor bienestar". (*El País*. 10/9/2024).

Debe, por último, llamarse la atención sobre la presencia del estoicismo igualmente en internet mediante la creación páginas específicas (elestoico.com, eresestoico.com, modernstoicism. com) y numerosos blogs (*Diario estoico, Stoicism today, Daily Stoic* o *Stoic answers*) que tienen por objeto recoger todo tipo de aportaciones relativas a la interpretación y práctica del estoicismo, así como organizar diferentes actividades entre las que destaca la "International Stoic Week", cuyo propósito no es otro que mostrarnos como la filosofía estoica puede ayudarnos a hacer nuestra vida más fácil y mejor.

A mi juicio, la validez de los estoicos en este tiempo de incertidumbre está fuera de toda discusión. Como señala certeramente Agustín López en el prólogo de su traducción del *Manual de Vida* de Epícteto: "La actualidad del estoicismo apenas necesita ser subrayada. En un mundo cuyo funcionamiento mismo parece asentarse en una delirante dinámica de creación de necesidades ficticias, de promoción y estímulo de todo tipo de deseos y apetencias, de todo aquello […] que no depende de uno mismo, y, en definitiva, en la entronización de un yo socializado, exteriorizante y superficial […] el estoicismo y el pensamiento de Epícteto pueden constituir una materia de reflexión […] para quienes creen en la necesidad de una reorientación moral de nuestro mundo".

Un entorno marcado por la incertidumbre y la "cultura del miedo".

Vivimos en un tiempo de cambio acelerado y constante propio de la actual sociedad relacional y tecnológica, un tiempo cuyo rasgo característico fundamental: la incertidumbre[2], se ha acen-

---

[2] Es abundante la literatura especializada sobre los entornos VUCA *(Volatile, Uncertain, Complex, Ambiguous)* y BANI (*Brittle* [quebradizo o frágil], *Anxious, Non Linear,* incomprehensible) o sobre las PERMACRISIS (periodos prolongados de inestabilidad e inseguridad derivados de una serie de acontecimientos inesperados y catastróficos) y POLICRISIS (coincidencia en el tiempo de diferentes permacrisis). En la actualidad, se han identificado hasta cinco ámbitos críticos convergentes: el *sanitario* (vinculado con el COVID-19,

tuado hasta el extremo como consecuencia de algunos hechos concretos, auténticos "cisnes negros", según la expresión acuñada por Nassim Taleb[3], que, de manera totalmente inesperada, han afectado sustancialmente a nuestras vidas.

Por una parte, una pandemia global tan inesperada como inédita nos recuerda hasta qué punto seguimos siendo vulnerables. Millones de personas han perdido sus vidas en todo el planeta y aunque su impacto en términos económicos, sociales, culturales y psicológicos está todavía por evaluar de una forma

---

sus consecuencias y la posibilidad de que se produzcan nuevas pandemias en un futuro no lejano, tal y como ha advertido recientemente la OMS), el *geopolítico* (asociado a las recientes crisis bélicas y al equilibrio de poder entre las principales potencias del planeta), el *económico* (referido, fundamentalmente, al contexto inflacionario persistente que, en algún momento, amenazó con evolucionar hacia un escenario de "estanflación" semejante al del principios de los años 70 del siglo XX), el *energético* (ligado tanto a las crisis geopolíticas como a la necesidad de buscar alternativas más respetuosas con el medio ambiente) y el *climático* (surgido esencialmente por el imperativo de conciliar el crecimiento económico con la "salud" del planeta, entendida en sus términos más amplios, que exige la asunción por parte de las organizaciones de un enfoque necesariamente sostenible de su actividad mediante la aceptación de los ODS de la Agenda 2030 y la introducción en su operativa de los criterios ESG *[Environmental, Social, Governance]* y lo que estos implican en términos medioambientales, sociales y de gobernanza).

[3] La teoría del "cisne negro" es una metáfora que, originalmente en el ámbito económico, describe aquellos sucesos que tienen un impacto y consecuencias relevantes en el entorno y que no han sido previstos por ser, supuestamente, improbables. El economista Nassim Nicholas Taleb es el creador de esta teoría que tiene por objeto cuestionar los análisis y previsiones económicas basadas en la extrapolación del pasado, toda vez que, inopinadamente, pueden verse alteradas por la aparición de un "cisne negro". (Los ataques del 11-M en Nueva York, el Brexit, el COVID-19, la invasión de Ucrania o la más reciente guerra de Gaza serían perfectos ejemplos).

precisa, es evidente que nuestras vidas no volverán a ser como antes de esta pandemia declarada por la Organización Mundial de la Salud el 11 de marzo de 2020.

Por otra parte, la incertidumbre en el panorama geopolítico global se ha manifestado, de la manera más cruda, mediante el estallido de diferentes conflictos armados:

- La invasión rusa de Ucrania ha traído de nuevo la guerra a Europa[4] 30 años después de que se iniciara la descomposición de la antigua Yugoslavia y nos devuelve a una nueva "guerra fría" con su implacable lógica de la disuasión/amenaza nuclear y con la aplicación *de facto* de una renovada variante de la doctrina soviética de la "soberanía limitada" que el presidente Putin cree que puede poner en práctica, en aquellos estados que, aun siendo independientes, forman parte históricamente de la esfera rusa de influencia.

- El ataque terrorista masivo[5] a Israel del 7 de octubre de 2023, desató la que podemos considerar una nueva guerra del Yom Kipur (guerra de Gaza) de consecuencias impre-

---

[4] La nueva situación ha precipitado la puesta en marcha, con urgencia, de la que se ha definido como "Agenda de Soberanía Europea", toda vez que los gobiernos y autoridades comunitarios han entendido que el futuro inmediato de Europa pasa por el reforzamiento de su "autonomía estratégica". Su objetivo básico es reducir su dependencia exterior y hacer del viejo continente un lugar más seguro y preparado para garantizar el bienestar y la libertad de sus ciudadanos mediante el refuerzo de su capacidad de defensa, la reducción de su dependencia energética y estratégica (en materias primas esenciales, alimentos, medicamentos y material sanitario, semiconductores y tecnología digital) y el desarrollo de una base económica más sólida.

[5] De hecho, se definió como: "Operación inundación de Al-Aqsa" y consistió en la realización de numerosos ataques terrestres y aéreos coordinados.

visibles que, además de la destrucción y la muerte que está provocando sobre el terreno, tiene un enorme potencial de desestabilización mundial. Baste recordar los efectos de aquella "primera" guerra del Yom Kipur en 1973[6], un conflicto que desencadenó una crisis económica generalizada cuyos efectos se dejaron sentir durante más de una década.

Estas dos crisis, la sanitaria y la bélica[7], ambas de efectos globales, se han superpuesto a otra en la que vivíamos instalados, la de la sociedad digital y mundializada, que adolece, básicamente, de tres preocupantes debilidades:

- En primer lugar, la desorientación e insatisfacción de un individuo, incapaz de dar verdadero sentido a su vida.
- En segundo lugar, la desconexión de ese mismo individuo de la comunidad de la que es miembro, su desinterés, su desafección, su egoísmo y, en definitiva, su falta de implicación en el destino colectivo.
- Por último, la sociedad actual se caracteriza por su complejidad, por configurarse como una tupida red de relaciones de interdependencia, como un entorno relacional, producto de la globalización, en el que cada uno depende-

---

[6] La guerra condicionó las políticas económicas y energéticas de todos los países, especialmente de los más desarrollados, desencadenando la denominada "crisis del petróleo" que generó un contexto económico de "estanflación" en el que coexistían una alta inflación, estancamiento económico y un sensible incremento del desempleo.

[7] A la que puede unirse el hostigamiento de los hutíes de Yemen al tráfico marítimo en una zona especialmente sensible para el comercio mundial como el Mar Rojo.

mos de los demás. Esa complejidad, agravada por la multiplicación de los agentes implicados en los fenómenos colectivos, genera ansiedad y malestar tanto por la dificultad de aprehenderla y controlarla como porque ninguno de esos agentes tiene, por separado, capacidad de resolver los problemas que se plantean[8].

Además, los cambios aparejados a la evolución y desarrollo de la sociedad tecnológica y global (crisis de los Estados nacionales[9], desequilibrios y desigualdades económicas, laborales y

---

[8] Se trata de una sociedad en la que se impone la colaboración público-privada. El nuevo entorno relacional impone una nueva forma de hacer las cosas y ha provocado una sustancial transformación de las relaciones entre lo público y lo privado y, en consecuencia, también en las formas de organización y gestión que, necesariamente, deben basarse en el entendimiento y corresponsabilidad de ambos.

Esa corresponsabilidad supone, principalmente: tomar conciencia de los objetivos compartidos, asumir responsabilidades para su ejecución y materializar, de forma concreta, el alcance de dichas responsabilidades. El criterio para la asignación de tareas no es, por tanto, el de la naturaleza pública o privada de las organizaciones implicadas, sino su capacidad para dar la respuesta más adecuada a una necesidad social. "Lo importante ya no es quién lo hace, sino el resultado".

[9] Tal y como ha señalado Luis Méndez Francisco en su trabajo "La globalización y el Estado Nacional", la globalización lleva a cabo una nueva redistribución del poder en dos direcciones: la primera, hacia ámbitos supranacionales que se explica por la limitada capacidad estatal de hacer frente a problemas económicos, medioambientales, tecnológicos o de seguridad que le trascienden. La segunda, afecta al Estado como consecuencia de las demandas que se le plantean desde las organizaciones más próximas a los ciudadanos, las de carácter regional o local, unas demandas que son coherentes con el papel decisivo que jugarán en el futuro las grandes aglomeraciones urbanas del planeta.

Todo parece indicar, que, en el actual contexto global, se va a transitar hacia un modelo en el que las regiones y los estados irán perdiendo su pree-

sociales, problemas y retos medioambientales, desarrollo de las TIC, aceleración de los procesos de digitalización en todos los ámbitos y, paralelamente, de las ciber amenazas, avance imparable de la inteligencia artificial, etc...) han generado una sensación de creciente inseguridad cuyo efecto ha sido que, por primera vez y como subraya Bauman en su *Vida líquida,* se perciba el "progreso" más como una amenaza que como una oportunidad. Afirma Bauman que: "El progreso otrora la más extrema manifestación de optimismo radical y promesa de una felicidad universalmente compartida y duradera, se ha desplazado hasta el polo de expectativas opuesto, de tono distópico y fatalista. Ese concepto representa ahora la amenaza de un cambio implacable e inexorable que, lejos de augurar paz y descanso, presagia una crisis y tensión continuas que harán imposible el más mínimo momento de respiro... En lugar de grandes expectativas y dulces sueños, el progreso evoca un insomnio repleto de pesadillas en las que uno sueña que se queda rezagado".

Para agravar la situación y generalizar esa percepción de inquietud, los ciudadanos intuyen, cada vez con más intensidad, las limitaciones de ese Estado del bienestar que, hasta el mo-

---

minencia en favor de los gobiernos locales como consecuencia de la pujanza de las ciudades. Así, las Administraciones públicas tal y como las concebimos actualmente en su dimensión de prestadoras de servicios van a ser cada vez más las administraciones dependientes de las grandes capitales del mundo. En este contexto, cobran pleno sentido la necesidad de actuar desde lo que se ha denominado como una "perspectiva glocal", es decir, "pensando globalmente y actuando localmente", así como de aplicar, tal y como recomienda la Unión Europea, "estrategias de especialización inteligente" (S3) que tengan en cuenta y potencien las fortalezas y ventajas competitivas de los municipios y regiones como un elemento básico para su impulsar su desarrollo.

mento, había sido un eficaz escudo protector capaz de conjurar cualquier peligro que amenazara su seguridad[10].

Por último, debe hacerse especial hincapié en el hecho de que estamos inmersos en un proceso que pretende socavar las bases de la civilización occidental y que contribuye a desestabilizar y hacer aún más sombrío el escenario en el que vivimos.

Fue Hegel quien afirmó que el cristianismo y el acervo grecorromano constituyen los dos pilares de nuestra civilización[11] y de nuestra forma de ver el mundo.

Tanto uno como otro están siendo cuestionados en la actualidad:

- En lo que respecta al mundo grecorromano: la República romana y la democracia ateniense entraron a la vez en la historia con un perfil y unas características que han tenido una decisiva influencia posterior y que son, precisamente, las que se están poniendo en duda, a saber: la

---

[10] A pesar de ese cambio de percepción, todavía hoy los ciudadanos siguen considerando que, frente a cualquier eventualidad, compete al omnipresente Estado responder a cualquier peligro derivado de la volatilidad y mutación constante del entorno en el que se encuentran inmersos y garantizarles un bienestar que se concibe como un derecho ya histórico e irrenunciable. A este respecto, sorprende que ya Ortega en *La rebelión de las masas* afirmara que: "ante cualquier dificultad conflicto o problema el hombre-masa tenderá a exigir que inmediatamente lo asuma el Estado que se encargará directamente de resolverlo con sus gigantescos e incontrastables medios".

[11] A ese respecto, debe subrayarse la relevancia del estoicismo para conectar esos dos grandes elementos constitutivos de la civilización occidental (la cultura grecorromana y el cristianismo). Una conexión posible por la proximidad de ambos en cuestiones como la concepción de un Dios personal, la predestinación, el sometimiento a la voluntad suprema, el cosmopolitismo, la defensa de la dignidad y la igualdad de las personas o la práctica de la caridad.

forma mixta de gobierno y la separación de poderes que constituye la esencia y el origen de la democracia moderna, el papel del derecho como límite a cualquier tipo de tiranía y como garante de la igualdad de los ciudadanos ante la ley, la estrecha vinculación o imbricación entre lo personal y lo colectivo que tiene su origen en la concepción del hombre como "animal social" y, por último, el tránsito del mito al *logos* que supone una reivindicación de la razón como origen de nuestro conocimiento y guía de actuación de los humanos.

En definitiva, haciendo abstracción de otros logros decisivos en los ámbitos del arte, la ingeniería, la literatura o las ciencias, la herencia principal grecorromana podría resumirse en la del "binomio democracia y razón" que es el que ahora se ataca.

Con el cuestionamiento de ese binomio del legado grecorromano, se amenaza la democracia, haciendo que el tribalismo informe la vida política y se fragmenten sus objetivos, ignorando reglas elementales como las de la *tolerancia mutua* y la *contención institucional*[12], acabando con el consenso[13] y desnaturalizando el papel de los medios de comunicación y de las instituciones que tienen que actuar como contrapeso del poder ejecutivo (el Parlamento, el poder judicial, los organismos constitucionales y regula-

---

[12] Vid. Levitsky, S. y Ziblatt D. (2018): *Cómo mueren las democracias*, Barcelona, Planeta. Páginas 122 y siguientes.

[13] Afirman J.Stuart Mill y Alexis de Tocqueville que el consenso y la colaboración son la mayor prueba de madurez y desarrollo de una comunidad. Frente a ese *desideratum*, ahora realizamos el camino en sentido contrario.

dores o los órganos de control de la administración) en el marco de un deseable sistema de *check and balance*[14].

Levitsky, S. y Ziblatt[15], siguiendo en gran medida a Juan Linz en su obra ya clásica *La Quiebra de las Democracias*, identifican cuatro indicadores clave del comportamiento autoritario: el rechazo o alteración de las reglas del juego democrático, la negación de la legitimidad de los adversarios políticos, la tolerancia o el fomento de la violencia o de los violentos y la predisposición a restringir las libertades civiles de la oposición y de los medios de comunicación.

Además, los autócratas en potencia aspiran a controlar a los "árbitros" del sistema democrático[16], por ser los garantes de la separación de poderes, y suelen esgrimir la defensa de la democracia como pretexto para su subversión.

A tal fin, no dudan en valerse de las crisis económicas, los desastres naturales o las amenazas a la seguridad para justificar la adopción de medidas antidemocráticas que consoliden su poder.

---

[14] La forma mixta de gobierno, que constituye la esencia y el origen de la democracia moderna, se basa en un sistema de *check and balance* (el sistema norteamericano de separación y equilibrio de poderes) ideado en la Antigüedad y cuyas virtudes fueron defendidas por Polibio o Cicerón en *La República,* obra en la que insistía, además, en la idea de la necesidad de un consenso o acuerdo social.

[15] Levitsky, S. y Ziblatt D. *Op. cit.* Páginas 81, 82 y 112.

[16] Se refieren, específicamente, los autores a: jueces, servicios de inteligencia, organismos que velan por el cumplimiento de la ley, agencias tributarias u organismos reguladores.

Pero no sólo la democracia se ve amenazada, sino que también se ataca a la verdad y la razón, haciendo, de esta manera, a los ciudadanos más vulnerables frente a la demagogia y la manipulación política.

Michiko Kakutani[17] nos recuerda las palabras de Hannah Arendt en su imprescindible obra *Los orígenes del totalitarismo:* "El sujeto ideal para un gobierno totalitario no es el nazi convencido ni el comunista convencido sino el individuo para quien la distinción entre hechos y ficción y la distinción entre lo verdadero y lo falso han dejado de existir".

Afirma, a continuación, Kakutani que, en nuestros días: "El desprecio de los hechos, el desplazamiento de la razón por parte de la emoción y la corrosión del lenguaje están devaluando la verdad y lo que representa".

En idéntico sentido, se ha pronunciado más recientemente Manuel Arias Maldonado en su ensayo *[Pos]verdad y Democracia* cuando afirma que: "la democracia se convierte en el escenario de una lucha de poder donde la deliberación racional es sustituida por la movilización efectiva y donde la verdad sólo es uno de los disfraces de la mentira".

Se deja así expedito el camino para los totalitarismos, populismos, los déspotas, los tiranos y lo que Lapuente ha definido como la "vuelta de los chamanes", los charlatanes que amenazan el bien común y cuya actuación está esencialmente determinada por el relato de las ideologías[18].

---

[17] Kakutani, Michiko (2019): *La muerte de la verdad: Notas sobre la falsedad en la era Trump,* Barcelona, Galaxia Gutenberg.

[18] En relación con el auge de los populismos, la necesidad de huir de la seducción de los charlatanes y de articular un discurso público riguroso y

- Por lo que se refiere al segundo de los pilares de la civilización occidental actualmente en cuestión, la religión ha constituido un elemento inmaterial que ha dado sentido a la vida de los hombres a lo largo de la historia, atendiendo su necesidad de autotrascendencia y para el que, en consecuencia, era necesario encontrar un recambio.

En este ámbito, se proponen como alternativas:

— La *religión de las ideologías y la política*[19]. Si carecemos de un elemento trascendente que dé sentido a nuestra vida, intentaremos llenar nuestra innata necesidad espiritual con otros ingredientes como la política.

Cada vez más ciudadanos buscan en ella algo que dé sentido a sus vidas sustituyendo la religión por las ideologías. Hoy, la fe en la justicia social ha llenado el vacío dejado por el cristianismo.

Nos recuerda Lapuente que: "Para un número creciente de progresistas de todo el mundo, la política ya no es una búsqueda de soluciones prácticas, sino de problemas ideológicos ocultos detrás de cualquier nimiedad" [20].

---

eficaz. *Vid.* Lapuente, Víctor (2015): *El retorno de los chamanes. Los charlatanes que amenazan el bien común y los profesionales que pueden salvarnos.* Barcelona, Península.

[19] Lapuente, Víctor (2021): *Decálogo del buen ciudadano*, Barcelona, Península. Vid. el apartado 6. "Da a Dios lo que es de Dios y al César lo que es del César". Páginas 137 y siguientes.

[20] Según Braunstein, (Braunstein, J-F (2024): *La religión Woke. Anatomía del movimiento irracional e identitario que está poniendo en jaque a Occidente.* Madrid, La Esfera de los Libros), se desatiende a la mayoría "para beneficiar a una

La política, en definitiva, ha dejado de ser una gestión pragmática de los, cada vez más complejos, problemas públicos para ocuparse, prioritariamente, de los valores, de cuestiones morales, espirituales y culturales que se consideran un absoluto irrenunciable e innegociable.

De esta manera, la vida política se ha convertido en una lucha sin cuartel entre grupos cada vez más fragmentados[21] que sólo contemplan la posibilidad de una rendición total del "enemigo".

El diálogo, la negociación y el consenso, en el marco de un esfuerzo compartido para alcanzar objetivos de interés general, han dejado de tener sentido.

Como afirma Drucker: "Dividir el pan para ellos [los grupos políticos en conflicto] no es un compromiso negociado sino una traición".

— La *religión Woke* que extrema el relativismo posmoderno[22], cuestionando la razón y la ciencia, deconstruyendo el lenguaje y apoyándose en la *teoría del género*, la *teoría crítica de la raza* y la *teoría inter-*

ínfima minoría de militantes que se consideran a ellos mismos como eternas víctimas". Por ello, considera Drucker que han proliferado las que denomina "organizaciones de una sola causa".

[21] También Drucker llamó la atención sobre el hecho de que los partidos tradicionales tenían una dificultad creciente para integrar en un mismo relato los intereses de esos grupos cada vez más numerosos y con objetivos diferentes.

[22] *Vid.* el apartado1.2.2 "Las críticas posmodernas" en: Martín García, Miguel Ángel *(2019) El directivo estoico. ¿Nueva o vieja gestión de la res publica?, Madrid, Dextra editorial.* Páginas 57 a 60.

seccional[23]. Esta última constituye una herramienta esencial que, además de servir para potenciar todas las identidades de las víctimas y luchar contra el responsable de cualquier tipo de discriminación, tiene la ventaja de poder agrupar todas las luchas de todos los colectivos minoritarios que se consideren discriminados.

Desde la perspectiva "woke" se critica el predominio de la cultura blanca y binaria, el individualismo salvaje y el espíritu competitivo, la familia nuclear, el método científico (frente al que se proponen epistemologías alternativas que niegan la posibilidad de un conocimiento objetivo), *la supremacía de la cultura occidental de origen griego y romano*, la tradición judeocristiana, la ética protestante del trabajo, el respeto a la autoridad y la propiedad o la idea optimista de un progreso sin límites.

El origen de esta nueva religión está, como adelantó Wallerstein, en el hecho de que el debate político se iba a producir cada vez menos en el terreno económico[24] y más en torno a reivindicaciones que, provenientes de la órbita de los

---

[23] Braunstein, *Op. cit.* Páginas:15, 121,155, 159,179 y 222.

[24] A juicio de Wallerstein, como consecuencia del acercamiento de posturas entre liberalismo y socialdemocracia en torno a lo que se ha denominado como "síntesis neoclásica", una suerte de mezcla entre la economía liberal y el keynesianismo que ha diluido las diferencias programáticas entre los partidos de derecha e izquierda. Vid también: Drucker, Peter (2003): *Drucker esencial*, Barcelona, Edhasa. Páginas 656 y 657.

movimientos antisistema[25], están vinculadas con el género, el medio ambiente y la defensa de los animales o la identidad y la diversidad étnica y cultural que van a ir asumiendo, fundamentalmente, los partidos de izquierda[26].

Emmanuel Todd[27], en su reciente ensayo *La Derrota de Occidente*[28], considera el elemento religioso como un factor esencial

---

[25] *Vid.* Krylov, Anna: "The peril of politicizing Science". *Journal of Chemistry Letters*. En palabras de la científica rusa: "Podemos pasar el resto de nuestra vida persiguiendo fantasmas y brujas, reescribiendo la historia, politizando la ciencia, redefiniendo los elementos del lenguaje y convirtiendo la enseñanza de las STEM en una farsa o podemos defender un principio clave de la sociedad democrática, el intercambio de ideas libres y sin censuras, y continuar con nuestra misión fundamental: la búsqueda de la verdad, centrando nuestra atención en la resolución de problemas reales e importantes para la humanidad".

[26] Supone un proceso de transformación del debate político y de sus protagonistas principales (los partidos) que ha sido objeto de análisis por parte de algunos autores como Félix Ovejero (*Vid. La deriva reaccionaria de la izquierda*, Barcelona, Página indómita, 2018) o José Fernández- Albertos. (*Vid. Antisistema: desigualdad económica y precariado político*. Madrid, La Catarata, 2018).

[27] Todd, Emmanuel (2024): *La derrota de Occidente*, Madrid, Akal.

[28] Sobre la evolución de Occidente y un posible cambio en el liderazgo mundial, *Vid.* Morris, Ian (2014): *¿Por qué manda Occidente... por ahora? Las pautas del pasado y lo que revelan sobre nuestro futuro*. Barcelona, Ático de los libros.

A juicio de Morris: "El siglo XXI va a ser una carrera... [entre un Occidente liderado por los Estados Unidos y un Oriente impulsado por la irrefrenable pujanza del gigante chino] ... o bien iniciamos pronto (quizás antes de 2050) una transformación más profunda que la revolución industrial, que puede que convierta la mayoría de nuestros problemas actuales en irrelevantes, o nos tambalearemos hacia un hundimiento como no se ha visto antes... eso quiere decir que los próximos cuarenta años serán los más importantes de la historia".

de esa derrota a la que, en su opinión, está abocada la sociedad occidental[29].

Una derrota que no es producto de ninguna agresión exterior, sino que, muy al contrario, tiene su explicación en el hecho de que Occidente se está destruyendo a sí mismo desde dentro[30].

Una de las razones de esa *autodestrucción,* la encuentra en la desintegración de la "matriz religiosa cristiana en Occidente" y en el vacío nihilista que se impone y que impide al individuo obtener las respuestas que necesita para afrontar "el misterio de su condición y su naturaleza difícil de aceptar"[31]. El nihilismo

---

Buena prueba de la intensidad de esa "carrera" han sido la nueva llegada de Donald Trump a la Casa Blanca prometiendo una "nueva era dorada de América", que, entre muchas otras, incluía una iniciativa de medio billón de dólares para mantener el liderazgo en IA, y la "respuesta" china, pocos días después, con la irrupción de su aplicación de inteligencia artificial *DeepSeek,* un modelo innovador por su enfoque de código abierto y costes reducidos.

Vid también sobre la crisis de Occidente: Ferguson, Niall (2012): *La gran degeneración. Cómo decaen las instituciones y mueren las economías.* Madrid, Debate.

[29] En ese mismo sentido y en su ensayo sobre el consuelo *(En busca de Consuelo)* al que se hace referencia más adelante, Michael Ignatieff subraya el hecho de que hoy "las iglesias, sinagogas y mezquitas, donde antes nos consolábamos en grupo en rituales colectivos de dolor y de duelo, se han ido vaciando" porque la gente busca consuelo en la ciencia, las ideologías, las "nuevas religiones" o las terapias que conciben nuestro sufrimiento como una enfermedad susceptible de tratamiento y de cura.

[30] Una vez más, se produce una sorprendente analogía con el mundo romano. Baste recordar la hipótesis de Weber sobre *la muerte de Roma* cuando empieza su ensayo al respecto diciendo: "El imperio romano no se derrumbó por causas exteriores, tal vez como consecuencia de una evidente superioridad de sus enemigos. Los mundos sólo mueren de muerte natural. Dentro de ellos hay que buscar los asesinos."

[31] *Vid.* nota 59 referida a Heidegger y Ortega y su concepción de la vida humana como proyecto.

tiende irresistiblemente a destruir la noción misma de verdad y a prohibir cualquier descripción razonable del mundo[32].

Ya Jaspers avanzó, en su *Origen y meta de la Historia,* este callejón sin salida a mediados del siglo pasado cuando afirmaba que las condiciones de la *Edad Técnica* favorecían las posibilidades nihilistas[33] de una población que, convertida en masa, *ha sustituido la creencia por la negación.* Incluso acierta a apuntar, en relación con el relativismo semántico o del lenguaje, que: "... termina por no saberse ya que significan las palabras. Se habla de un barullo de vaguedades tan solo para expresar en cada caso un no..."[34].

No es extraño, por tanto, que, en un difícil e incierto contexto plagado de *amenazas* como el descrito y en el que está en riesgo nuestra propia civilización, Frank Furedi[35], afirme que es indudable la emergencia de una "sociedad asustada", una sociedad caracterizada por una "cultura del miedo" en la que la seguridad se ha convertido en el valor fundamental de nuestro tiempo, mientras que, paralelamente, las actitudes culturales pe-

---

[32] La ausencia de la visión del mundo como un todo. La *Weltanschaung* de Dilthey, imprescindible para desenvolverse en la vida.

[33] El relativismo es un rasgo del pensamiento moderno que se extrema en el posmodernismo hasta conducir al *nihilismo* y a una pasividad del sujeto que, precisamente, agrava la situación de alienación y represión del individuo que el propio posmodernismo critica. En palabras de Santana Pérez: "... Las exageraciones de este pensamiento llevan al triunfo del presentismo, el relativismo total y la pasividad política... la fragmentación posmoderna de la sociedad encaja perfectamente con el funcionamiento del mercado libre en el capitalismo avanzado".

[34] Jaspers, Karl (1985): *Origen y meta de la Historia*, Madrid, Alianza Editorial. Página 178.

[35] Furedi, Frank (2022): *Cómo funciona el miedo. La cultura del miedo en el siglo XXI*, Madrid, Rialp.

simistas acerca de nuestras posibilidades para afrontar con éxito la adversidad se han convertido en la norma.

Entiende Furedi en su libro *Cómo funciona el miedo. La cultura del miedo en el siglo XXI* que: "… a resultas de las confusiones existentes acerca de las normas morales [relativismo, nihilismo, individualismo] la cultura occidental es cada vez menos capaz de hacer un balance positivo de la capacidad de la humanidad y de los individuos para gestionar el riesgo y la incertidumbre[36]".

Sorprendentemente, la descripción del hombre actual que desprecia la historia[37] y el legado de quienes le precedieron y que malgasta su presente paralizado por el temor a un futuro

---

[36] Sigue, desgraciadamente, más vigente que nunca la afirmación que, en 1978, realizó el escritor ruso Alexander Solzhenitsyn: "La merma del coraje es quizá la característica más sobresaliente que nota un observador imparcial en Occidente en nuestros días".

Esa visión pesimista de nuestras posibilidades empieza por una escuela en la que estamos educando a unos estudiantes a los que, como nos recuerda Javier Orrico en *La enseñanza destruida,* queremos ahorrarles "… las dificultades, el esfuerzo, los elementos que llevan sin remedio a los hombres a diferenciarse, destruyendo también la posibilidad de enseñarles a conocerse, a perfeccionarse, a fracasar e integrar ese fracaso en la construcción de una personalidad capaz de superarse, levantada sobre el valor de la voluntad". En este mismo sentido y sobre la sobreprotección y la desconfianza respecto de las capacidades de los más jóvenes, se ha pronunciado recientemente Alberto Torres Blandina en *El arte de educar a estúpidos. Vid.* más adelante la extensión de estas dudas y la cultura de la sobreprotección a la universidad y el conjunto de la sociedad que ha sido denunciada por Nassim Taleb en *Antifrágil.*

[37] Sobre la necesidad de conocer nuestra historia son numerosas las citas de los autores estoicos, pero conviene recordar algunas contemporáneas imprescindibles.

Karl Marx afirma que: "Hemos de entender la historia para poder hacer historia". Por su parte, Ruiz de Santayana nos advierte de que: "Un pueblo que ignora su historia está condenado a repetirla".

en el que el progreso ha dejado de ser gratificante y benéfico, se ajusta a la perfección a la de esos individuos a los que se refería Séneca hace 2.000 años en su tratado *De la Brevedad de la vida* cuando afirmaba: "Brevísima es y agitadísima la vida de aquellos que olvidan el pasado, descuidan el presente y temen el futuro".

No en vano, en su magnífico ensayo *La sociedad decadente,* Ross Douthat afirma, en términos muy parecidos a los de Séneca, que: "nos estamos haciendo mayores, estamos cómodos y encallados, hemos desconectado del pasado y perdido el optimismo por el futuro, hemos desdeñado la memoria y la ambición mientras esperamos a que alguna innovación o revelación venga a salvarnos". Douthat no vacila en comparar la crisis actual con la del Imperio Romano y su estancamiento en la parálisis y la desesperanza y subraya que, como entonces, estamos instalados en una decadencia o "agonía estable". Nos recuerda, a este respecto, las palabras de W.H Auden cuando escribió: "Lo que nos fascina y nos aterra del Imperio Romano no es que acabase hecho trizas, sino que consiguiera aguantar cuatro siglos desprovisto de creatividad, entusiasmo y esperanza".

Por último, Churchill, en una línea muy "senequiana", nos recuerda que: "Hay que perseverar en aquellos objetivos que han iluminado para nosotros toda la sabiduría y la inspiración del pasado" y también que: "Cuanto más atrás se mira, mejor se puede ver el futuro".

Conviene, además, recordar que Christopher Lasch, en su obra ya clásica, *La cultura del narcisismo*, recientemente reeditada, llama la atención sobre un rasgo esencial de ese narcisismo que se ha impuesto en el mundo actual, su *presentismo*: "Vivir el momento y para uno mismo" es su consigna básica. De ello, se deriva el hecho de que estemos perdiendo "el sentido de la continuidad histórica, el sentido de pertenencia a una secuencia de generaciones originada en el pasado y que habrá de prolongarse en el futuro la pérdida del sentido de la historicidad" y, en definitiva, del legado de quienes nos precedieron tan querido para los estoicos.

En idéntico sentido, Víctor Lapuente[38], en su *Decálogo del buen ciudadano* afirma también que: "No es algo nuevo. Lo que vivimos es propio de cualquier sociedad decadente. Asistimos a ello durante la lenta caída del imperio romano con sus sangrientos espectáculos y dionisíacos banquetes… Decadencia no quiere decir ruina, sino lo contrario los decadentes disfrutamos de una abundante prosperidad material, al tiempo que sobrellevamos un agotamiento social, psicológico y moral".

La respuesta de la filosofía estoica: una filosofía de lucha, de acción y de servicio que nos guía en tiempos de crisis

El hombre actual es, como el de la Roma[39] de principios de nuestra era, un hombre, atemorizado, estancado, desorientado que vive en un mundo incierto y global que ha trascendido las murallas de su ciudad y en el que se siente amenazado. Se trata de un individuo que ha renunciado al conocimiento de sí mismo y de su entorno, que carece de una visión integral y de los necesarios puntos de referencia que le permitan ubicarse en el

---

[38] Lapuente, Víctor (2021): *Decálogo del buen ciudadano*, Barcelona, Península.

[39] "La antigua Roma es sumamente importante, por lo que ignorar a los romanos no es sólo dar la espalda al pasado remoto, ya que Roma todavía contribuye a definir la forma en que entendemos nuestro mundo y pensamos en nosotros, desde la teoría más elevada a la comedia más vulgar. Después de 2.000 años, sigue siendo la base de la cultura y la política occidental, de lo que escribimos y de cómo vemos el mundo y nuestro lugar en él". *Vid.* Beard, Mary (2016): *SPQR,* Barcelona, Crítica. Página 15.

mundo y construir un proyecto de vida personal y profesional que, en definitiva, le permitan satisfacer lo que Víctor Frankl denomina como "voluntad de sentido".

En la sociedad tecnológica de nuestros días, se impone el narcisismo, el hedonismo, el consumismo, la especialización, el relativismo nihilista y la ausencia de reglas, el rechazo de toda ejemplaridad, la falta de reflexión y una constante reducción de nuestra capacidad para el pensamiento profundo[40]. La revolución digital y el auge de las redes sociales fijan las nuevas y esquemáticas reglas a unos "nativos digitales" que practican sin descanso, casi compulsivamente, una contradictoria "soledad acompañada" propia de las sociedades de masas despersonalizadas.

Se sobrevalora la obtención de cuanto deseamos sin demora[41], la seguridad y el bienestar, pero existe una absoluta incapacidad, no ya para el sufrimiento o el fracaso, sino, incluso, para cualquier tipo de contrariedad[42].

---

[40] Sobre el perfil y características del hombre actual, *Vid.* Martín García, Miguel Ángel (2019) *El directivo estoico. ¿Nueva o vieja gestión de la res publica?,* Madrid, Dextra editorial. Apartado 1.3: "La cara oscura de la sociedad tecnológica y su proceso de emancipación: los efectos no deseados".

[41] En un mundo como el de nuestros días en el que se imponen los impulsos y no se concibe la demora en la gratificación, el cultivo de la voluntad y el autocontrol tienen poco predicamento. En relación con ello, David Goleman no duda en afirmar que: "Quienes se hayan a merced de sus impulsos adolecen de una deficiencia moral porque la capacidad de controlar los impulsos constituye el fundamento mismo de la voluntad y del carácter". *Vid:* Goleman, Daniel (1999): *Inteligencia emocional,* Barcelona, Editorial Kairós, 1999. Página 14.

[42] *Vid.* nota 51 relativa al concepto de *resiliencia* y su relación con la *metáfora de la lucha* en el estoicismo.

El resultado es un hombre "blando"[43], frágil propenso a asumir el rol de víctima y al que le cuesta asumir responsabilidades (consigo mismo en primer lugar) y concebir la necesidad del esfuerzo, del ejercicio de la voluntad y de la superación de obstáculos para conseguir objetivos[44].

En *Antifrágil*[45], Nassim Taleb nos previene de esa nociva tendencia a la sobreprotección y la seguridad que se obstina en

---

[43] El hombre actual es como lo definió el doctor Enrique Rojas, un "hombre light": hedonista y materialista cuya única meta en la vida consiste en alcanzar el éxito. El "hombre light" carece de un proyecto de vida y lo que es aún peor, carece de la determinación suficiente para sobreponerse a cualquier eventualidad que pueda presentarse en su camino porque no ha educado su voluntad que, a juicio del doctor Rojas, es "la joya de la corona" de la conducta. https://www.institutokern.com/la-voluntad-es-lo-mas-importante-enrique-rojas/ El "hombre light" se encuentra muy próximo a ese otro tipo de individuo definido por Ortega y Gasset, el del "señorito satisfecho" que se cree con derecho a todo, pero que niega cualquier deber y responsabilidad.

[44] Aforismos latinos, tan próximos al estoicismo, como *quae nocent docent* (todo lo que nos hace daño nos enseña) o *per aspera ad astra* (por lo difícil, lo aspero, a las estrellas) le parecen al hombre actual incomprensibles.

[45] Sobre la negación de la incertidumbre y el riesgo, la promoción de la seguridad como valor preferente, la sobreprotección y la generalización de todo tipo de sistemas *antifrágiles* en nuestros días, *Vid*. Taleb, Nassim, N (2016): *Antifrágil*, Barcelona, Planeta. En el concreto ámbito del management, Maurice Schweitzer, profesor en la Wharton School de la universidad de Pennsylvania especializado en la cuestión de la toma eficaz de decisiones, centra su atención sobre el hecho de que la *aversión al riesgo* es otro desafío que surge cuando se trata con la incertidumbre: "Nuestros cerebros están mejor preparados para ciertas situaciones… Preferimos pensar en términos causales y nos gustan los resultados predecibles". Al objeto de mejorar el método de adopción de decisiones en situaciones de incertidumbre, Schweitzer nos aconseja "muy estoicamente" *primar el pensamiento crítico y racional*, por una parte, mitigando los efectos de los sesgos cognitivos que pueden deformar nuestra percepción de la realidad (*las heurísticas* a las que nos referimos en el apartado séptimo al analizar

negar que el riesgo y las amenazas que nos inquietan son una parte inseparable de nuestra vida a los que debemos hacer frente para ser más fuertes.

Se trata de una tendencia que ha prendido con fuerza en las universidades[46] en donde se está imponiendo una "nueva cultura de la ultraseguridad"[47] que, como denuncian Haidt y Lukianoff, se basa en tres falsedades: la de la fragilidad (somos frágiles y debemos protegernos), la del razonamiento emocional (priman las emociones frente a la auténtica razón) y la de la polarización (lucha maniquea de buenos contra malos). Desde esos supuestos[48], que fomentan el victimismo, el sentimentalismo y el tribalismo sectario, va a ser difícil que los universitarios lleguen a ser

---

el libro *The undoing Project* y que los estoicos categorizan como "falsas representaciones") y, por otra, siendo conscientes del papel que juegan las emociones y la ética en este tipo de procesos. *Vid.* "The new Leadership. Decision making under uncertainity" y el análisis del libro *The Power of Ethics: How to Make Good Choices in a Complicated World* en la Razón 7.

https://executiveeducation.wharton.upenn.edu/thought-leadership/wharton-at-work/2021/08/decision-making-under-uncertainty/

[46] Paradójicamente, la universidad que debería acercar a sus alumnos a la realidad los aleja de ella e incumple así la institución el que debiera ser su principal papel. Sobre el papel de la universidad en el presente contexto, *Vid.* Martín García, Miguel Ángel (2019): *El directivo estoico. ¿Nueva o vieja gestión de la res publica?* Madrid, Dextra editorial. Páginas 86 a 88.

[47] Si, hasta hace no mucho, debíamos meditar sobre la actitud de la sociedad actual frente a la adversidad y las dificultades de la vida y en qué medida influye un fenómeno como el de la sobreprotección de los hijos en la escuela y en las familias, el problema de la sobreprotección ahora se ha extendido a la universidad y a los entornos laborales y se ha generalizado alcanzando también a los adultos.

[48] Contrarios absolutamente al "binomio democracia/razón" legado por el mundo grecorromano que está siendo socavado también desde la universidad.

ciudadanos adultos, responsables y críticos, capaces de *asumir la vida como conflicto y la democracia como debate*.

En el *Discurso sobre las ciencias y las artes* de Rousseau y en relación con esa dificultad en nuestras sociedades acomodadas para afrontar el sufrimiento y la adversidad se afirma: ¿Con qué ojo se piensa que pueden considerar el hambre, la sed, las fatigas, los peligros y la muerte, hombres que la menor necesidad abruma y que el menor esfuerzo desanima?".

Toda esta situación exige, aunque parezca paradójico afirmarlo, *que el hombre se humanice,* que sea consciente de sí mismo, de su entorno y de sus posibilidades, que recupere el buen uso de la razón, la reflexión y el pensamiento profundo, que discipline su atención y su percepción, que cultive su sentido crítico, que pierda el miedo al ejercicio de su libertad y su responsabilidad, que oriente su conducta, basándose en principios, valores y virtudes, que defina algún tipo de ejemplaridad, que cuente con una visión integral de la realidad[49] y que restaure una complicidad y un compromiso con la comunidad de la que forma parte.

---

[49] A tal fin, son imprescindibles los conceptos de *cultura general y humanidades*. Por "cultura general", decía Ortega, suele entenderse una serie de *conocimientos ornamentales* que habitualmente se relacionan con las disciplinas más "vagarosas" y menos técnicas. En nuestros días, esas disciplinas "vagarosas" se identifican, sin lugar a duda, con las "humanidades", una rama del saber que, a diferencia de todo lo relacionado con la tecnología, no se considera "útil", sino que se asocia y se desdeña por ser, como indica Fontán: "mera palabrería o poco más". Sin embargo, "cultura general" es, el sentido orteguiano, un sistema de ideas claras y firmes sobre el mundo en el que nos ha tocado vivir. Un sistema que configura una perspectiva global que nos permite desenvolvernos en la vida y tomar decisiones porque nos facilita los necesarios puntos de referencia y un sentido crítico que nos ubican en nuestro entorno. Desde esta

Se trata, en definitiva, de que las personas se doten de un conjunto de *herramientas* que las orienten y las muestren el camino a seguir en medio de ese vacío nihilista al que nos hemos referido que parece condenarlas al abandono y la pasividad[50].

Sobre ello, los estoicos pueden ayudarnos a responder eficazmente a la crisis individual y colectiva en la que vivimos.

No me refiero sólo a la posibilidad de obtener consuelo, un concepto recuperado y reivindicado por Ignatieff en su ensayo *On Consolation (En busca de Consuelo,* en la edición española)*,* una recopilación del testimonio de personas (escritores, filósofos, artistas o músicos) que, en situaciones extremas, recurrieron a la tradición consolatoria para superarlas. De hecho, los estoicos destacaron en el cultivo del género de la *"consolatio"*; Cicerón en sus *Disputaciones Tusculanas,* Séneca en sus *Tratados Morales* (en particular, en su *Consolación a Polibio*) y Marco Aurelio en sus *Meditaciones.*

Sin embargo, los estoicos tienen mucho más que ofrecer, van más allá porque nos proporcionan una actitud ante la vida. Acierta Ignatieff cuando afirma que: "podemos obtener consuelo, de hecho, de nuestra lucha con el destino" porque la lucha es un concepto nuclear del estoicismo.

---

perspectiva, cultura es todo lo contrario a ornamento. Vid. también la Nota 65 sobre Ordine y lo "útil".

[50] La filosofía estoica, como se verá, es una filosofía práctica, una filosofía de acción *que se concibe* como ascesis ("askesis"), como un conjunto de técnicas, como una teoría práctica, como una "caja de herramientas", que no busca el saber por el saber mismo, sino cuya preferencia es una concepción útil del conocimiento. La pregunta que se formula no es: ¿Quiénes somos? Su pregunta es: ¿Qué debemos hacer? *Vid.* Gros, F. y Lévy, C. (2003): *Foucault y la filosofía antigua*, Nueva Visión, Buenos Aires. Página 39.

Frente a la cultura del miedo y a la pérdida de la confianza del hombre actual para hacer frente a los retos que ha de afrontar, el estoicismo responde con una fe ciega en la naturaleza humana, en su capacidad de superación y con una actitud de perfeccionamiento constante y de "lucha".

Esta es la perspectiva del estoicismo romano, en particular la de Séneca, que reivindica el *vir fortis* (el hombre fuerte). Desde una perspectiva "senequiana", la vida del hombre es lucha: "El valor del hombre consiste en no doblegarse ante el peso de la vida, sino en lograr que triunfe la fuerza del espíritu".

Efectivamente, Séneca afirma en *Sobre la Providencia* que: "La felicidad que no ha sido sometida a pruebas no sabe sufrir golpe alguno. Pero a quien ha sufrido continuas contrariedades, los obstáculos le curten y no se rinde a los infortunios; hace frente al mal y aunque caiga, sigue luchando cuerpo a tierra".

Lo reafirma en su *Consolación a Polibio*: "Hay que luchar, y no importa que la victoria, como estado de salvación, sea inalcanzable pues la victoria está en la lucha misma". Incluso en las *Cartas a Lucilio*, llega a afirmar que "vivir es una milicia", una "milicia sin licenciamiento". Este recurso a la metáfora de la lucha está también presente en Marco Aurelio y Epícteto. El primero afirma en sus meditaciones: "El arte de vivir se parece más a la lucha que a la danza en el sentido de que siempre hay que estar en guardia y de pie contra los golpes que caen sobre nosotros y de improviso". El segundo recomienda: "Prepárate para la lucha; si no, te comportarás como los niños".

El individuo será libre en la medida en que sea capaz, a través de esa lucha sin cuartel, de llevar a cabo un plan de perfeccionamiento y superación constantes que le permita hacer frente a los acontecimientos.

Esta concepción de la lucha, de la resistencia mediante una preparación continua y la consistencia con nuestros principios y valores que nos permiten superar los retos y adversidades que se nos presenten, está, a mi juicio, relacionada con la *resiliencia*[51] tan invocada en la actualidad, aunque, como veremos a continuación, su proximidad sea aún mayor con el concepto de *antifragilidad*.

Como nos indica Lapuente[52]: "Lo principal es la asunción compartida por todos los pensadores estoicos, ya fueran los paganos como Epícteto en la Roma del siglo I o los cristianos como Adam Smith en la Escocia del siglo XVIII de que somos actores en un guión escrito por otros y, precisamente por eso, debemos luchar[53]... Hoy nos obsesionamos por tenerlo todo amarrado... entender que la vida es inherentemente incierta, que estamos aquí de prestado nos da fuerzas, nos libera del gigantesco peso de programar nuestro futuro y luego frustrarnos porque inevitablemente la vida no saciará nuestras expectativas... abrazar la incertidumbre de la vida nos quita ese peso y nos hace valientes".

Debo, inevitablemente, llamar la atención sobre el hecho de que Nassim Taleb, en su ya citado *Antifrágil*, alude a tres de los autores del estoicismo romano que tomamos como referencia

---

[51] El doctor Enrique Rojas la define como: "la capacidad para superar las dificultades y los reveses de la vida sin quedarse atrapados en el sufrimiento y el dolor". Otra aproximación a dicho concepto es la de Garmezy que la define como: "la capacidad para recuperarse y mantener una conducta adaptativa después del abandono o la incapacidad inicial al iniciarse un evento estresante".

Las personas "resilientes" son, a partes iguales, resistentes y flexibles, una combinación que les permite encarar las circunstancias más difíciles, adaptándose a la situación y asumiéndola de una manera realista, una disposición que supone un buen punto de partida para superarla. En las razones 6 y 7 se alude ampliamente a este concepto.

[52] Lapuente, Víctor. *Op. cit.* página 246.

[53] *Vid.* en la Razón 4, lo relativo a la *predestinación y la lucha* como uno de los temas centrales del estoicismo.

(Séneca, Epícteto y Marco Aurelio) y dedica un apartado completo a Séneca y a los estoicos ("Lo positivo y lo negativo en Séneca") por considerarle, de alguna manera, un precursor de la "antifragilidad".

En opinión de Taleb: "El estoicismo es pura robustez porque lograr inmunidad a las circunstancias externas, ya sean buenas o malas, y carecer de fragilidad ante lo que dicta el destino es robustez". Sin embargo, considera que Séneca trasciende esa robustez de los estoicos frente a lo inesperado porque su filosofía, eminentemente práctica, es escuela de antifragilidad (lo contrario a lo frágil), porque antifragilidad: "es más que resiliencia o robustez. Lo resiliente aguanta los choques y sigue igual; lo antifrágil mejora" con ellos. En resumen: lo *antifrágil* se beneficia de las crisis, prospera y crece al verse expuesto a la volatilidad, al azar, al desorden, a los estresores, a la aventura, al riesgo y a la incertidumbre.

Este planteamiento casa perfectamente con la metáfora estoica de la lucha y especialmente con Séneca que, como hemos visto, es su máximo defensor ("la victoria está en la lucha").

Efectivamente, creo que el estoicismo está muy próximo a la *antifragilidad*[54] en cuatro rasgos esenciales porque dicha corriente filosófica entiende que:

- Es mejor prepararse para el daño y centrarnos en nuestra fragilidad, trabajando sin descanso sobre nosotros para

---

[54] Por contraste con la *antifragilidad*, Taleb considera que la resiliencia, el concepto de moda, se encuentra un peldaño más abajo y la llega a calificar como "una noción cobardica". *Op. cit.* Página 33.

fortalecernos, que obsesionarnos en la anticipación de los acontecimientos y la realización de predicciones inútiles[55].

- Hay que concebir la razón de una manera humilde, como facultad que nos permite el alineamiento con una "razón universal" que no podemos modificar. Esta idea de "razón" dista mucho del concepto actualmente en boga y que Taleb califica de pretencioso o ingenuo porque, desde esa concepción, se cree que la razón lo puede controlar y gobernar todo.

- La realidad ha de entenderse y aceptarse como un sistema complejo del que la incertidumbre, la volatilidad, los contratiempos y la adversidad forman inevitablemente parte, ayudándonos a ser más fuertes o, si se prefiere, más *antifrágiles* porque la ausencia de estrés y de preocupaciones nos atrofia y nos hace más débiles[56]. Esta actitud se basa en dos temas básicos de la filosofía estoica: el *monismo* (la realidad como sistema o conjunto) y la *predestinación* a las que se asocia la "teoría del mal aparente". En este sistema perfectamente organizado, el mal es sólo apariencia porque contribuye al mayor bien del conjunto. En pala-

---

[55] *Vid.* Taleb N. *Op. cit.* Página 104: "Cuando una persona es frágil depende de que las cosas sigan el curso planificado con la mínima desviación posible porque las desviaciones le serán más perjudiciales que favorables. Esta es la razón de que lo frágil necesita adoptar un enfoque muy predictivo…".

[56] Ya en una nota anterior, se ha hecho referencia a dichos latinos como *quae nocent, docent* (todo lo que nos hace daño nos enseña). Taleb, en relación con ello, se refiere al concepto de "crecimiento postraumático" y la posibilidad de crecer desde el sufrimiento experimentado.

bras de Marco Aurelio[57]: "Todas las cosas son pequeñas, inconsistentes y perecederas. Todas provienen del mismo origen, de la razón universal...así pues tanto las fauces del león como el veneno, las espinas como el barro y todo lo que hay de perjudicial es un complemento necesario de la magnificencia y de las cualidades de la naturaleza".

- El hombre ha de ser activo y llevar a la práctica lo que sabe y aprende, un hombre de acción[58] apegado a su entorno y dispuesto a afrontarlo y transformarlo *(facta, non dicta)*. Lo expone Séneca con claridad *en sus Cartas a Lucilio:* "¿Cuándo asimilarás las cosas que has aprendido de manera que no puedan olvidarse? ¿Cuándo las pondrás a prueba? Pues no es suficiente el haberlas confiado a la memoria; deben probarse en la práctica. No es feliz el que las sabe, sino el que las practica".

---

[57] En la misma línea, Nassim Taleb recoge la cita de Marco Aurelio: "El fuego se alimenta de los obstáculos". *Op. cit.* Página 77.

[58] Taleb insiste en que Séneca y los estoicos son hombres de acción que actúan desde abajo. Este enfoque es también el de Lapuente y su dicotomía entre el modelo de la *exploradora* frente al del *chamán*, el charlatán teórico e ideologizado. *Vid.* Lapuente, Víctor (2015): *El retorno de los chamanes. Op. cit.* Páginas: 32, 39, 87, 91, 136, 171 y 317. A su juicio, el éxito de las políticas y el progreso de los países dependerá del marco en el que se produce la discusión sobre esas políticas y de que, en consecuencia, prime el modelo o paradigma del "chamán" o el de la "exploradora". El primero actúa por deducción, de arriba hacia abajo y marcado por el relato de las ideologías. El segundo, por el contrario, actúa por inferencia, de abajo hacia arriba, centrado en la experiencia del día a día y en los resultados. Por ello, el paradigma del chamán suele ser más cerrado e intolerante que el de la exploradora, que es más abierto y producto del consenso y de la participación. Lapuente hace un elogio de lo que define como la "política pequeña" que de manera gradual e incrementalista y huyendo de los maximalismos, hace avanzar a las sociedades mediante la experimentación y la participación de todos los agentes implicados, algo fundamental en la actual sociedad relacional.

El estoicismo, en definitiva, da respuesta a esa cultura del miedo, de la sobreprotección, de los "espacios seguros" y de la promoción de actitudes y sistemas económicos, sociales y políticos *antifrágiles* que se ha impuesto tanto en el ámbito personal como social de nuestro tiempo:

- Desde un punto de vista personal, el estoicismo plantea una alternativa basada en el esfuerzo constante para mejorar como individuos, en la virtud y la razón (la recta razón fuente de juicios rectos y origen de nuestra vida espiritual y de la ética) que asegura nuestra libertad al permitirnos contar con un criterio propio y una percepción ajustada sobre nosotros mismos y sobre la realidad que nos rodea. La filosofía estoica nos ofrece una guía de conducta que, basada en valores, principios y juicios fiables y racionales nos permite orientar y llevar a cabo un proyecto de vida[59] libre del egoísmo y de sus impulsos y pasiones.

- Desde una perspectiva social y comunitaria, el estoicismo nos invita a la acción y a la participación y vincula a cada uno de los humanos, que comparten la misma naturaleza racional, al destino de la comunidad en la que nos integramos y en la que cobramos pleno sentido. La filosofía estoica es una filosofía de perfeccionamiento personal,

---

[59] Como nos recuerdan Ortega y Gasset y Heidegger, hemos sido "arrojados" al mundo y estamos condenados a actuar. Nuestra vida es hacer y decidir cada día, es a la vez, "fatalidad y libertad" tal y como nos recuerdan los estoicos. Nuestra vida es, en definitiva, lo contrario a dejarse llevar es preocupación constante por lo que, en cada momento, tenemos que hacer. Preocupación es un concepto que en latín se corresponde con el de *cura* o *cuidado* y que tiene una importancia indiscutible en el carácter romano y en la filosofía estoica.

pero en modo alguno implica el aislamiento del individuo. No es una filosofía contemplativa, sino que, muy al contrario, supone el compromiso y la participación en los asuntos públicos.

Se trata, como se ha dicho, de *una filosofía práctica y para la acción,* de una filosofía de servicio a la comunidad porque su objeto no es limitarse a la mejora personal y al conocimiento de uno mismo, sino que esa actividad individual constituye una preparación para ofrecer lo mejor de nosotros a los demás.

Los estoicos son herederos de Platón y de Aristóteles, de su concepción del individuo como "animal social" *(zoon politikón)* y de su teoría comunitaria del Estado, pero van aún más allá porque, desde la perspectiva estoica, todos los hombres están unidos por su naturaleza racional que les es común y, por este motivo, intentan una proyección social mediante un ideal de vida que insta a la cooperación y la fraternidad, no sólo en el marco de tu propia comunidad, sino en el de la comunidad universal formada por todos los seres humanos.

La filosofía estoica, en definitiva, reconcilia al hombre consigo mismo, con la sociedad y con el universo. En palabras de Emilio Lledó, supone el "encuentro con el universo a través del ser individual".

Para ello, se vale de la razón como herramienta esencial, esa razón que, aludida en la cita que abre este libro[60], es facultad

---

[60] *El sueño de la razón produce monstruos.* Uno de los sentidos que se le da al título de ese grabado de *Los Caprichos* de Goya es el de que: "cuando los

primera de los humanos, imprescindible para no ser arrastrados por los "monstruos" que reproduce el genial aguafuerte de Goya, los *monstruos* de los impulsos, de las "visiones" y de las *falsas representaciones* que nos acechan y que están siempre dispuestos a apoderarse de nosotros en cuanto la razón se ausenta.

Una "filosofía de gestión" válida en el ámbito de la dirección de organizaciones

Si la validez del estoicismo en la actualidad puede afirmarse, como hemos visto, con carácter general, mi propósito es demostrar su utilidad también en el mundo del management y de la dirección de organizaciones. En la actual situación de inseguridad y ausencia de certezas, el directivo, como líder de las organizaciones públicas y privadas, de las grandes corporaciones y empresas, así como de las administraciones de todo el mundo, desempeña un rol decisivo en nuestro tiempo y, en consecuencia, está obligado a plantearse las siguientes preguntas:

¿Qué implica un ejercicio eficaz de la función directiva? ¿Cuál debe ser el modelo de dirección del futuro? ¿Cuáles son las habilidades o competencias que, en lo sucesivo, definirán el perfil de los directivos? ¿Cómo pueden hacer frente a ese contexto de incertidumbre? ¿Qué tipo de liderazgo les corresponde en el siglo XXI?

---

hombres no oyen el grito de la razón, todo se vuelve visiones". Se trata de la interpretación de un manuscrito de la época, conservado en la Biblioteca Nacional y recogida por Edith Elman en su libro *Trasmundo de Goya.* (Madrid, Alianza Forma, 1983).

Para responderlas, se propone una vuelta a los clásicos del estoicismo romano.

Las características y habilidades básicas que deberían definir a los directivos, como responsables del gobierno de las organizaciones, no sólo están presentes en las obras de determinados "clásicos contemporáneos del management" ("sabiduría directiva") y en la más reciente bibliografía en la materia a las que nos referiremos más adelante, sino que las podemos encontrar ya en la filosofía estoica ("sabiduría estoica") que se desarrolla durante más de 500 años entre los siglos tercero antes de Cristo y segundo después de Cristo y que tiene un impacto especial en lo que hemos denominado como *Roma estoica,* un periodo de tiempo que abarca desde el final de la tercera guerra púnica en el año 146 a de C. hasta la muerte de Marco Aurelio (el "emperador estoico" y penúltimo de la dinastía de los Antoninos) en el año 180 d. de C.

R.H. Barrow insiste en el hecho de que el estoicismo triunfa muy especialmente en Roma porque encaja con el carácter romano: "el romano era estoico por naturaleza, mucho antes de que oyera hablar del estoicismo". Se trata de una línea de pensamiento que se impone a las demás filosofías helenísticas por ser una doctrina de éxito pensada para ofrecer respuestas en tiempos duros como los de entonces y los de ahora.

Tiempos de crisis en lo personal y en lo colectivo, de cambio, de aceleradas transformaciones, de ampliación de horizontes y de globalización que definen entornos en los que era y es difícil saber a qué atenerse y contar con los puntos de referencia necesarios para desenvolvernos en la inseguridad, en una constante mutación que hace extremadamente compleja la toma de decisiones.

La filosofía estoica es, como se ha visto, una filosofía para la acción, una acción orientada a los demás *(omnis vita servitium est)* y esta circunstancia la convierte en lo que podríamos calificar como una "filosofía de gestión". Si nos atenemos a sus resultados tanto Gibbon en su obra *Decadencia y caída del Imperio Romano* como Ortega y Gasset en *Una interpretación de la Historia Universal* no dejan lugar a duda. Es especialmente rotundo Ortega cuando afirma que, en la "época aurea" del Imperio bajo los Antoninos y, más específicamente, en la época que el filósofo denomina de los "emperadores españoles" (Adriano y Trajano): "El estoicismo, extendido por toda la nobleza y la burguesía del Imperio proporcionó al mundo una de sus etapas de mejor gobierno y más dulce felicidad".

En obras contemporáneas[61] como: *La naturaleza del trabajo directivo* de Henry Mintzberg, *Los siete hábitos de la gente altamente efectiva* de Stephen R. Covey, el *Desarrollo de habilidades directivas* de David A. Whetten y Kim S. Cameron, *La práctica del management* de Peter F. Drucker[62] o *Fundamentos de la dirección de empresas* de

---

[61] Se trata, de lo que se consideran "clásicos contemporáneos del management" (sabiduría directiva) porque, en primer lugar, han sido hitos de la literatura del *management* que, sin duda, han tenido un impacto perdurable en el tiempo y constituyen obras de referencia y, en segundo lugar, porque son aportaciones relativamente próximas que, excepción hecha del caso de Drucker (1954) la mayoría han sido publicadas en el tramo final del último tercio del siglo xx. (Mintzberg en 1973, Covey en 1989, Whetten y Cameron en 1991 y Pérez López en 1993).

[62] Debe llamarse la atención sobre la presencia, en la obra de los autores anglosajones del *management clásico contemporáneo* analizados, de rasgos propios de la idiosincrasia romana y de la filosofía estoica. Un hecho que, evidentemente, no tiene una explicación fortuita, sino que es resultado de lo que podríamos calificar como un "reenvío" desde la Roma antigua hasta la Norteamérica contemporánea. Este "reenvío" es posible por la intermediación británica que recibe la herencia del mundo clásico en su proceso de romanización y la transmite, a su vez, al nuevo mundo entre los siglos xvi y xviii, con el establecimiento de las colonias inglesas en América del Norte.

Juan Antonio Pérez López[63] (uno de los más relevantes clásicos españoles en la materia) se nos presentan los rasgos fundamentales que, a su juicio, deben configurar el perfil del gerente o

---

Rasgos y virtudes de la forma romana y estoica de concebir la vida que, como el pragmatismo, la *gravitas* (la exigencia con nosotros mismos y los demás), la *pietas* (el sentimiento religioso) o la *humanitas* (la solidaridad con nuestros congéneres humanos), habían prendido con fuerza en el carácter británico, se trasladarán al nuevo continente y se verán reforzados por diferentes factores.

Entre ellos, cabe destacar, fundamentalmente, tres: la evolución del pragmatismo o utilitarismo anglosajón, que contará con una variante específicamente norteamericana, *la influencia de la religión protestante* (en especial el puritanismo de inspiración calvinista) *y la presencia de los clásicos y del mundo grecorromano en el sistema educativo norteamericano*, en particular, en su educación superior, una educación que se configura como *educación liberal*.

Este tipo de educación defiende una visión integral del conocimiento y se opone a una formación especializada utilitarista y cientificista, pretende perfeccionar al hombre mediante la reflexión, el autoconocimiento, el autocontrol y la autoexpresión (en este aspecto, la educación liberal está estrechamente vinculada con la denominada *self formation* que entiende la formación del individuo desde la perspectiva de una búsqueda interior guiada por la virtud para la que se juzga especialmente útil el estudio de la lengua la historia y las costumbres de griegos y romanos) y, por último, considera prioritarias a las personas y la relación con nuestros semejantes como miembros de una comunidad.

[63] De la misma manera que no es casual que la impronta estoica tenga reflejo en el mundo anglosajón, tampoco lo es que la tenga en España. No sólo por algo que podríamos considerar más o menos anecdótico como el origen español de Séneca o Marco Aurelio, dos de los más destacados representantes de la Stoa nueva romana, sino porque, como ponen de relieve diferentes autores (Quevedo, Ganivet, Unamuno, Zambrano, Laín Entralgo o Américo Castro), el estoicismo está muy presente en nosotros y, de alguna manera, informa el modo de ser español. Nos referimos a un estoicismo que no debemos identificar con el pesimismo, la pasividad y la resignación, sino muy al contrario, debemos hacerlo con una concepción optimista, activa y de mejora permanente que matiza sustancialmente el determinismo original estoico. Se trata de un estoicismo senequista, natural y humano que tiene reflejo en la obra de Juan Antonio Pérez López.

del directivo y configuran lo que se ha denominado "sabiduría directiva". Lo que puede llamarnos la atención y, precisamente, se pretende subrayar en este trabajo es que esos mismos rasgos o características estén presentes en los textos de autores estoicos que constituyen la que se define como "sabiduría estoica" y en la que se integran las aportaciones de Epícteto (en sus *Disertaciones* o en su *Manual de Vida* o *Máximas*), Séneca (en sus *Cartas a Lucilio* y en sus *Tratados Morales*), Marco Aurelio (en sus *Pensamientos* o *Meditaciones*) o Cicerón (en las *Disputaciones Tusculanas, Las Leyes, La República* y, fundamentalmente, en *Sobre los Deberes*).

"A hombros de gigantes". Una adecuada gestión del conocimiento de los clásicos: historia, legado y "tradición"

Efectivamente, si el directivo de hoy se adecuara a las recomendaciones y el legado de los autores estoicos de comienzos de nuestra era, estaría en condiciones de asumir el reto de la dirección y gestión de las organizaciones de nuestro tiempo en total sintonía con las recomendaciones básicas formuladas, no sólo por esos otros clásicos más próximos, los "gurús" contemporáneos del "management" que concebimos como guías reconocidos en la materia, sino también, y como ya se ha señalado, con las más recientes tendencias en materia de liderazgo y de dirección de organizaciones.

Debe insistirse en el hecho de que los autores de la sabiduría directiva seleccionados son clásicos en la materia y, por serlo y al igual que sus lejanos predecesores de la filosofía estoica, nos ofrecen certidumbre y seguridad en un contexto, cada vez más complejo, en el que no abundan las certezas. Coinciden con los estoicos en que su éxito ha sido, igualmente, dar respuestas en momentos difíciles.

A este respecto, Huczynski sostiene que la razón de que los gurús del management hayan tenido tanto éxito es que "han sintonizado muy bien sus ideas con las necesidades de los directivos individuales. Los gurús han reconocido la necesidad que tenía el directivo de una medida de predictibilidad en un mundo cada vez más incierto y respondieron a ella".

No pretendo hacer una especie de tabla rasa, ni mucho menos afirmar que la verdad está sólo en los clásicos más lejanos y que, desde ellos, no ha habido *nihil novum sub sole*. Sería disparatado e injusto, pero sí es necesario practicar una suerte de gestión del conocimiento entre las generaciones, incluso estando tan distantes en el tiempo.

Decía Chesterton que: "A la raza humana que siempre recordó a sus antecesores, se la invita ahora desde todas las instancias, por primera vez, a que los olvide". En los tiempos que corren en los que se impone, el adanismo, el relativismo y se cuestiona cualquier tipo de ejemplaridad, sería, igualmente, injusto no reconocer lo mucho que debemos a quienes nos precedieron, reivindicar la importancia de la historia, del legado recibido y de la tradición. Un concepto (en latín: *mos-moris*) que, como nos recuerdan Hannah Arendt y Peter Watson, inventaron los romanos: "Antes de los romanos no se conocía el concepto de tradición, con ellos se convirtió, primero en el hilo conductor a través del pasado y en la cadena a la que cada generación, a sabiendas o no, tuvo que ligarse para comprender el mundo y su propia experiencia y, después perduró como tal".

Se trata de una tradición, concebida como lo hacen Giddens, Steiner o MacIntyre, como "transmisión" de una sabiduría acumulada[64] que da continuidad a la vida y que es necesaria.

Una tradición que, en un sentido romano y eminentemente práctico, se identifica con lo que es útil, lo que ha sido "testado" y funciona. Una tradición alejada del fundamentalismo, de esa tradición rancia o de mera recreación anticuaria y obsoleta que Giddens no duda en calificar como "tradición acorralada". Un sentido adecuado de la tradición, nos recuerda MacIntyre, se manifiesta en la comprensión de las posibilidades futuras que el pasado pone a disposición del presente.

Me parece, sin embargo, fundamental aclarar que, desde la perspectiva del estoicismo que se pretende reivindicar, hablamos de una tradición que nos guía, pero que no nos encadena ni nos anula porque el eje central de la filosofía estoica es la defensa de la razón como garante de la virtud, de nuestro sentido crítico y, por tanto, de nuestra libertad. Estamos, por así decirlo, dotados por la razón de una autonomía que nos permite una asunción o visión crítica de la herencia recibida.

---

[64] Una concepción de la tradición que se identifica con la de Hannah Arendt como "depósito de conocimiento útil". La tradición ha de tener vocación para inspirar el futuro, necesita modelos, los modelos que están en la historia y que pueden ofrecernos respuestas y alternativas para nuestra vida. Esa recuperación de la tradición debe, no obstante, realizarse desde el sentido crítico.

El individuo, está dotado, por la razón, de una autonomía que le permite una asunción necesariamente crítica de la herencia recibida. Debe valorarla y decidir qué parte de ese inmenso legado recibido responde a las necesidades de su particular momento y contexto.

Victoria Camps, al analizar el concepto de educación en Arendt, subraya que hay valores viejos que deben ser conservados, aunque lo sean en contextos diferentes de los antiguos.

Por eso, nos aconseja Séneca en sus *Cartas a Lucilio*: "Yo, empero, haré uso del camino de los antiguos, pero, si llego a encontrar uno más conveniente y más llano, me haré fuerte en él. Los que antes que nosotros pusieron estas cosas en movimiento no son nuestros dueños, sino nuestros guías".

Sin perjuicio de esta precisión que me parece esencial, creo que es absolutamente necesario reivindicar a los clásicos, a los del estoicismo romano en este caso, y el valor de su herencia. En este sentido, se han manifestado autores como Italo Calvino en *Por qué leer los clásicos*, George Steiner en *Elogio de la transmisión* y en otros ensayos, Merton en *A hombros de gigantes* o, más recientemente, Nuccio Ordine en *El valor de lo inútil*[65] o *Clásicos para la vida*.

Como destaca Víctor Lapuente en su *Decálogo del buen ciudadano*: "Urge revitalizar la filosofía y la literatura clásicas. Los textos antiguos son fuente de conocimiento eterno: cuanto más

---

[65] Ordine distingue entre lo *útil* que es lo que nos ayuda a ser mejores y lo utilitarista por producir beneficios o ganancias inmediatas es lo que se impone actualmente, de manera que: "En ese brutal contexto, la utilidad de los saberes inútiles se contrapone radicalmente a la autoridad dominante que, en nombre de un exclusivo interés económico, mata de forma progresiva la memoria del pasado, las disciplinas humanísticas, las lenguas clásicas, la enseñanza, la libre investigación, la fantasía, el arte, el pensamiento crítico y el horizonte civil que debería inspirar toda actividad humana".

En relación con todo ello, conviene recordar una voz tan autorizada como la de Peter Drucker cuando afirma en La práctica del Management que: "No existe evidencia de que el ser humano haya cambiado mucho en el curso de la historia ni de que haya ganado en estatura intelectual o madurez emocional. La Biblia sigue siendo la medida más completa de la naturaleza del hombre. Esquilo y Shakespeare siguen siendo los mejores textos de psicología y sociología. Sócrates y Santo Tomás de Aquino los más altos exponentes del intelecto humano".

viejo es un escrito que llega a nuestras manos, más pruebas ha superado...".

Esta defensa de los clásicos se justifica porque los clásicos son inagotables, nos ayudan a entender quiénes somos y dónde hemos llegado, porque no pierden la capacidad de cuestionarnos y de desvelarnos aspectos de nuestra propia naturaleza que antes nos eran desconocidos, porque siempre tienen algo que decirnos y porque su aportación resiste el paso del tiempo de manera que siempre están vigentes, manteniendo una "clara y misteriosa relación con lo actual".

Efectivamente, los clásicos tienen una validez intemporal porque plantean los problemas que afectan al mismo núcleo del ser humano, centran la atención en lo fundamental, en aquellas cuestiones que Strodbeck y Kluckhohn, en los años sesenta del siglo XX, consideraron básicas en la existencia humana y que resumieron en cinco: la definición de la naturaleza humana, la relación del hombre con la naturaleza, la importancia del tiempo, las modalidades de la actividad humana y, finalmente, las modalidades de las relaciones interpersonales.

Ningún directivo puede sustraerse a estas cuestiones porque de no planteárselas, difícilmente podrá tener el necesario conocimiento de un entorno (que empieza por él mismo) en el que ha de desempeñar su tarea, un entorno sometido a un cambio acelerado y constante y que, como nos recuerda Crozier entre otros tantos, es, fundamentalmente, "relacional" y, en consecuencia, exige a sus actores que tengan, tanto una visión estratégica e integral de la realidad, como una teleología (el para qué) clara de servicio.

La resistencia de los clásicos al tiempo se explica, además, porque hacen algo, si cabe, más importante que ofrecernos respuestas; nos plantean preguntas, nos plantean las grandes preguntas. En relación con esta cuestión, afirmaba Ortega y Gasset que, para impulsar la actividad teorética del hombre y para avanzar en el conocimiento, es más relevante centrarse en el problema que en la solución y más importante plantearse preguntas que contestarlas.

¿Qué otra cosa es, si no, el método socrático (mayéutica) basado en el reconocimiento de la propia ignorancia ("sólo sé que no sé nada") y en la necesidad de hacernos constantemente preguntas que compartimos con los demás?

Precisamente en el ámbito de la gestión, no son pocos los que subrayan la importancia de que el directivo tenga esa capacidad de plantearse las preguntas y los problemas adecuados. Whetten y Cameron insisten en el hecho de que el directivo inteligente no es tanto el que resuelve problemas como el que hace buenas preguntas.

En la misma línea, Heifetz insiste en que los directivos no dan respuestas, sino que formulan preguntas difíciles y problemas complejos. Por su parte, Peter F. Drucker subraya la idea de que "la fuente más común de errores en las decisiones gerenciales está en la insistencia en tratar siempre de encontrar la respuesta correcta en lugar de la pregunta correcta".

Sobre la conveniencia de no olvidar a los clásicos y la necesidad de mantener ese diálogo con ellos que, con una fuerza estéticamente inmejorable defiende Quevedo en su célebre soneto "Desde la torre" ("vivo en conversación con los difuntos y escucho con mis ojos a los muertos"), se pronunció ya en el siglo XII Bernardo de Chartres con una reflexión que hizo fortuna y que sería posteriormente utilizada, entre otros, por Isaac Newton o Stephen Hawking y sobre la que el sociólogo estadounidense Robert K. Merton escribiría el ya citado *A hombros de gigantes,* un lúcido ensayo publicado a comienzos de los 90 del siglo pasado.

Afirmaba Bernardo de Chartres: "Somos enanos subidos a hombros de gigantes, de esta manera vemos, más lejos que ellos, no porque nuestra vista sea más aguda sino porque ellos nos sostienen en el aire y nos elevan con su altura gigantesca".

Esta afirmación subraya la importancia de tener en cuenta todas las aportaciones al conocimiento anteriores a nosotros porque sin esa obligada actitud de humildad intelectual tan lejana del actual adanismo, sin un análisis y valoración del saber aportado con anterioridad que nos sirva como punto de referencia para ir más allá, no es posible el progreso del conocimiento y una ampliación de sus límites. Si rehusamos llevar a cabo ese diálogo con la historia el legado recibido, estamos condenados a seguir siendo "enanos" y a empezar, una y otra vez desde cero, en el camino de la sabiduría, obviando que una parte de ese camino ya ha sido recorrida por quienes nos precedieron.

Este mensaje lo encontramos, de manera reiterada, en los autores estoicos más destacados:

- Séneca, en su *Brevitate vitae* (*De la brevedad de la vida*), nos invita a participar de la sabiduría de otras épocas que compartimos con los mejores y a no conformarnos con la de nuestro tiempo cuando afirma: "Puesto que la naturaleza admite que lleguemos a ser copropietarios de todas las épocas, ¿por qué desde este tramo escaso y perecedero de tiempo no nos entregamos de todo corazón a esas realidades que son inmensas, que son eternas, que compartimos con los mejores?".

- Cicerón, en *La República,* insiste, en este caso en el ámbito político, en la necesidad de contar con la sabiduría y la experiencia que da el paso del tiempo: "Nuestra república, en cambio, no ha sido levantada por el trabajo de un solo hombre, sino que el proceso duró algunos siglos y varias generaciones. Pues nunca ha existido una inteligencia tan grande como para que no se le escapara ningún aspecto cualquiera que fuera la época".

- Por su parte, Marco Aurelio nos recomienda, en sus *Pensamientos:* que tengamos presente un precepto de los Libros de los efesios: "no apartes de tu imaginación el recuerdo de algún antepasado estimable por sus virtudes".

Incluso desde el mundo de la dirección de organizaciones, Frederic Laloux, en su obra *Reinventar las organizaciones,* reivindica la necesidad de que éstas tengan en cuenta no ya "su historia", sino "la Historia". El citado autor se plantea: "¿Es posible reinventar las organizaciones, concebir un nuevo modelo que transforme el trabajo en algo productivo, satisfactorio y significativo? ... Y responde: "Para mi sorpresa, he descubierto que parte de la respuesta se halla en el pasado, no en el futuro. En el curso de la historia, la humanidad ha reinventado varias veces la forma de agruparse para trabajar, surgiendo cada vez un modelo de organización ampliamente superior al precedente. Es curioso constatar que la clave de esta perspectiva histórica no proviene del campo de la historia de las organizaciones sino del campo más amplio de la historia".

También en la actualidad, Antonio Ortega Parra, autor que junto con Javier Fernández Aguado[66] ha abierto la senda de la vinculación entre los clásicos grecorromanos y el mundo del management, subraya con especial énfasis en su libro *La antigua Roma: valores para el éxito empresarial* algo que me parece esencial

---

[66] Javier Fernández Aguado es autor, entre otros libros de: *Roma Escuela de directivos, Management: la enseñanza de los clásicos, Paradigmas y anécdotas empresariales* y *Ética a Nicómaco.*

de la idiosincrasia romana y que puede ser de importancia capital en el mundo de las organizaciones del presente.

A su juicio, en la Roma antigua, fue clave la prioridad de los valores, muy en particular el liderazgo institucional, un "liderazgo de servicio" que no está basado en líderes carismáticos, sino en la comunidad y en la defensa del interés general.

En este punto, Ortega Parra viene a coincidir con tres gigantes de la defensa del sentido político y comunitario de los romanos, a saber:

- José Ortega y Gasset cuando llama la atención (en *Del Imperio Romano*) sobre el hecho de que, para el romano: "El hombre no es hombre, sino como miembro de una ciudad. Ésta es antes que él".

- Theodor Mommsen que nos recuerda en su insustituible *Historia de Roma,* todavía vigente en tantos aspectos, que el individuo en la antigua Roma no quería ni podía ser más que miembro de la comunidad. Se caracterizaba, en definitiva, por un "poderoso orgullo cívico que no ha hallado semejante en ningún pueblo de la tierra".

- Hanna Arendt que, en *La condición humana,* hace especial énfasis en el carácter social de los romanos, en su opinión, el pueblo más político que hemos conocido hasta el punto de identificar la expresión de "vivir" con la de estar entre hombres" *(inter homines ese)* y la de morir con la de "dejar de estar entre hombres" *(inter homines esse desinere).*

Es decir, para los romanos la vida del individuo sólo cobra sentido en el seno de la comunidad y de su evolución en el tiempo. Podríamos decir que es una interpretación extrema de la concepción aristotélica del hombre como *zoon politikón* (animal social). Tanto la *polis* en el caso de los griegos como la *res publica* en el caso de los romanos son "garantía contra la futilidad de la vida individual, constituyen el espacio reservado para la relativa permanencia, sino inmortalidad de los mortales".

Además, Antonio Ortega Parra no duda en afirmar que las características que se consideran necesarias para el líder del futuro, identificadas por Edgard Schein en su trabajo *El liderazgo y la cultura organizacional,* ya se encontraban en los dirigentes y en la organización de la República de Roma y del Imperio, que tuvieron que hacer frente a un cambio (globalización) "representado por la expansión continua, política de alianzas, nuevos asentamientos e integración de otros pueblos".

Efectivamente, los elementos o rasgos que Schein considera imprescindibles en el líder ideal están presentes en el paradigma directivo estoico que se propone.

Me refiero, en particular, a los siguientes: la capacidad para tener una visión o percepción ajustada del mundo y de uno mismo, la "fuerza emocional" o habilidad para manejar la propia inquietud y la de los demás, la importancia de un aprendizaje fiable y riguroso que nos permita hacer frente a la ausencia de certezas y al estrés derivado de un perfeccionamiento permanente o la necesidad de alentar, en todo momento, un liderazgo inclusivo que cuente con la participación de todos en términos tanto de conocimientos como de destrezas.

2

DIEZ RAZONES QUE AVALAN LA VIGENCIA DEL ESTOICISMO PARA LA DIRECCIÓN DE LAS ORGANIZACIONES EN UN TIEMPO CONDICIONADO POR LA INCERTIDUMBRE

Las diez razones que, en mi opinión, acreditan la plena actualidad y la utilidad del legado del estoicismo romano en el ámbito de la dirección de organizaciones de nuestro tiempo son las siguientes:

1. *La analogía de contextos históricos* que, a pesar de estar separados por más de 2.000 años, acerca la "Roma estoica" al presente por compartir ambos los rasgos propios de tiempos de globalización y crisis en lo individual y lo social.
2. *La reivindicación del estoicismo por la filosofía contemporánea* mediante la proposición emancipadora del *souci de soi* de Michel Foucault.
3. *La compatibilidad de la filosofía estoica con las recomendaciones de los Critical Management Studies,* una corriente crítica que, desde dentro del propio management, cuestiona la que consideran "retórica managerial".

4. *La convergencia de las que hemos denominado sabidurías "estoica" y "directiva"* y su idoneidad en el presente contexto de inseguridad.

5. *La coincidencia de las recomendaciones del estoicismo* en el ámbito de la dirección *con* la propuesta de generalizar *un nuevo modelo de "management humanista"* en el que las personas sean el centro.

6. *El alineamiento de las competencias y actitudes del paradigma de dirección estoico* con las con las identificadas por el *Foro Económico Mundial para los "trabajos del futuro".*

7. *La afinidad de la "sabiduría estoica"* con la reciente bibliografía y tendencias en materia de *management y liderazgo.*

8. *La adecuación del repertorio de consejos estoicos* en materia de dirección a las *nuevas necesidades de las organizaciones* en la "era de la incertidumbre".

9. *La sintonía estoica con el perfil y los rasgos que definen al "líder del futuro".*

10. *El sorprendente ejemplo de un "líder estoico" de nuestro tiempo: Steve Jobs.*

1. PRIMERA RAZÓN. La analogía de contextos históricos y los innegables rasgos comunes de dos crisis separadas por más de 2.000 años

Un entorno de globalización, cambio acelerado e inseguridad

La situación actual y la de la *Roma de principios de nuestra era* se caracterizan por una incertidumbre extrema y comparten una serie de rasgos que ya hemos adelantado: la insatisfacción de un sujeto individualista que no ve sentido a su existencia, el distanciamiento del individuo respecto de las cuestiones y tareas que afectan al interés general y comunitario y un acelerado proceso de globalización y transformación de estructuras e instituciones.

Salvando las distancias que, obviamente, separan ambos momentos históricos, podemos afirmar que existe una indudable analogía entre los rasgos de la Roma de hace más de dos mil años y los de la sociedad de nuestros días:

- Como se ha señalado, se produce, entonces, lugar un *proceso de globalización* que supone una ampliación de los límites del mundo hasta entonces conocido para los romanos. Esta circunstancia se va a traducir en la intensificación de las relaciones e intercambios con los distintos pueblos y las entidades políticas en que se organizan. Pueden distinguirse dos grandes fases en la historia de Roma: una inicial, hasta la primera guerra púnica, está vinculada a la península itálica y supone una fase de afirmación y consolidación del poder romano frente a sus vecinos más próximos. Así, se suceden las guerras con la "Liga Itálica", los etruscos y los samnitas que, a pesar de episodios como el de las "horcas caudinas", confirmarán el triunfo de Roma.

  A partir de ese momento, el escenario principal de la proyección de Roma será el Mediterráneo. Esta segunda fase cobra un impulso definitivo en el inicio de la que hemos denominado "Roma estoica", muy especialmente tras el fin de la tercera guerra púnica y la destrucción total de Cartago en el año 146 a de C. En ese mismo año, además, Roma procede a la integración definitiva de Grecia

tras la derrota de la "Liga Aquea", una derrota simboliza-
da por la destrucción de la ciudad de Corinto.

Roma va, en definitiva, a trascender sus referencias
geográficas más próximas, transitando de una civilización
fluvial a una civilización marítima, buscando nuevos horizontes y superando la barrera que supone el mar Mediterráneo, un mar que acabará siendo más proximidad que
distancia. El *Mare Nostrum* se constituye así en eje del universo romano y escenario de la que podemos considerar
una "primera globalización" que, caracterizada por la he-
gemonía romana, sólo concluirá con la caída del Imperio
Romano de Occidente. Habrá que esperar, después, mil
años más hasta que españoles y portugueses protagonicen
una "segunda globalización" producto del desarrollo de
la navegación y la expansión por otros mares, océanos y
continentes.

• Tiene lugar, paralelamente, un *cambio radical del entorno* que,
como consecuencia de la globalización conlleva profundas transformaciones de distinta naturaleza (política, económica, social y cultural) que van a exigir el ensayo de
nuevas formas de gobierno para el nuevo contexto[67].

---

[67] Las causas de la caída de la República romana las describe, de una manera clara y sintética Kovaliov en su imprescindible *Historia de Roma*. Según él:
"La causa principal y más general fue la contradicción entre la forma política
de la República en el siglo I a de C. y su contenido social y de clase. Mientras la
forma seguía siendo igual a la antigua, el contenido había cambiado sustancialmente… el vasto mercado mediterráneo, los nuevos grupos esclavistas provinciales, las complejas relaciones entre Italia y las provincias, entre ciudadanos y
no ciudadanos exigían con fuerza un nuevo sistema de gobierno".

En un marco interpretativo semejante, subraya Roldán en su obra *La
República Romana* que: "… la expansión romana en el Mediterráneo y la acepta-

En relación con ello, en la obra *Imperio* de Hardt y Negri se afirma que el principal actor en el mundo actual, el "Imperio", es un nuevo sujeto político que ejerce una "nueva forma global de soberanía". Según ambos autores, el origen o genealogía de su concepto de "Imperio" se remonta, precisamente, a la antigua Roma.

Si bien es cierto que, con anterioridad a los romanos, los fenicios y sobre todo los griegos, mediante la creación de numerosas colonias por todo el Mediterráneo, le habían conferido cierta unidad cultural, se produce un hecho diferencial básico en la expansión romana cuyo objeto es una dominación e integración del territorio frente a la estrategia practicada por sus predecesores que se limitaba al establecimiento de colonias o asentamientos con el fin de facilitar el comercio.

Existe, por tanto, una mayor ambición y, con las oportunas matizaciones, podemos afirmar que la política de expansión romana se ajusta a la esencia y los rasgos que definen el concepto de "imperialismo" por su voluntad de extensión de un estado mediante el uso de la fuerza con un propósito de expansión económica, étnica y política[68].

---

ción de los nuevos compromisos políticos no significaron la adecuación de la constitución limitada a una ciudad-estado a las tareas de un imperio universal".

[68] En relación con ello, el estoicismo va a resultar también especialmente útil para justificar la expansión del Imperio Romano. Considera Sabine que: "Ninguna concepción política estaba tan bien cualificada como la doctrina estoica del estado universal para introducir un cierto idealismo en el negocio, demasiado sórdido, de la conquista romana". En el mismo sentido, afirman García Gual e Ímaz que la expansión del estoicismo se vio favorecida por su capacidad

En la misma línea de Hardt y Negri, relacionando la comprensión y origen de la actual mundialización con su precedente en la antigua Roma, autores como Richard Hingley vinculan también la comprensión y origen de la actual mundialización con su precedente en la antigua Roma, considerando que el estudio del imperialismo romano supone no sólo una aproximación al modo en que Roma se expandió por el mundo, sino también una útil herramienta para entender las modernas concepciones de "Imperio" e "imperialismo" que nos permiten reflexionar y comprender mejor la globalización de nuestro tiempo.

- Se constatan las *limitaciones del papel del Estado* que ha ido asumiendo, progresivamente, un número cada vez mayor de competencias y servicios y que terminará por ser insostenible en términos financieros e inviable en términos funcionales. El proceso de globalización fuerza la mutación de la República en Imperio, la centralización del poder y el fortalecimiento del Estado y de su administración para hacer frente a la expansión romana en el Mediterráneo y la aceptación de los nuevos compromisos políticos. Sin embargo, esa poderosa herramienta acabará careciendo de la eficacia y eficiencia necesarias para responder a las necesidades y demandas planteadas.

Sobre esta cuestión, Walbank subraya en su obra *La pavorosa revolución*[69] que existe una analogía sorprendente entre el proceso de centralización que se inicia en los orí-

---

de adaptación al entorno y porque su sistema filosófico "se prestaba a servir de ideología más o menos oficial de una cierta praxis política". Vid. también nota 74 sobre el estoicismo como justificación de la vocación hegemónica de Roma.

[69] Walbank, F.W. (1981): *La pavorosa revolución*, Madrid, Alianza Editorial.

genes de la Roma imperial y culmina en el Imperio tardío y el fortalecimiento del Estado que tiene lugar desde el primer tercio del siglo XX, tanto en los Estados autoritarios como democráticos, y que conduce a la aparición del Estado del Bienestar.

En la actualidad, igual que en fases ya avanzadas de la Roma imperial, se plantea un conflicto entre el Estado y el individuo. De la misma manera que autores como Barrow o Del Castillo destacan el hecho de que el Estado romano hace del individuo un esclavo a su servicio, Horkheimer y Adorno o Michel Foucault (principal teórico de la "sociedad disciplinaria") han criticado los abusos, la alienación y cosificación a la que se ha sometido al individuo y los mecanismos de represión y de control que sobre él se ejercen desde el poder, utilizando como herramienta privilegiada un Estado omnipresente.

- Se observa ya la *existencia de fenómenos tan actuales como la "deslocalización de la producción" o la emergencia de una crisis financiera endémica* del Estado que, entre otras consecuencias, va a tener un efecto de *crowding out,* al desviar o detraer recursos a la economía productiva.

Respecto del primero de ellos, también Walbank, subraya "la tendencia centrífuga de la industria a exportarse a sí misma en vez de exportar sus productos, y de los establecimientos comerciales a emigrar de las zonas más viejas de la economía a zonas nuevas". Según el mismo autor, el progreso de zonas como la Galia y la Germania romana tuvo su contrapeso en la decadencia de Italia que durante el siglo II d. de C. perdió cada vez más su posición predominante. El protagonismo corresponderá cada vez menos a la propia ciudad de Roma y a la península itálica y cada vez más a las provincias del ya Imperio.

Las causas de este cambio del centro de gravedad, que comienza a evidenciarse a finales del periodo republicano, están relacionadas, tanto con la evolución de la economía, como con la de las costumbres. Nos aclara Arcadio del Castillo que el declive económico de Italia se hace patente desde finales del siglo I d. de C. "... junto al desarrollo de los cultivos en las áreas provinciales, el crecimiento poder del comercio y la industria en las mismas va a representar el golpe de gracia para su economía".

Respecto del segundo fenómeno, la crisis financiera, tiene su origen el imparable crecimiento de la administración imperial. Un Imperio que se extendía de Northumberland al Éufrates, de los Cárpatos al Sahara, no podía reducir sus gastos por debajo de cierta cantidad mínima para asegurar el mantenimiento de numerosos servicios.

Para atender todas las necesidades[70] y hacer frente a un endeudamiento crónico, el Estado imperial acometerá una asfixiante política recaudatoria que colocará su economía al límite de sus posibilidades e incrementará la burocracia.

Lactancio, ya en el siglo III, afirmaba que había más gente viviendo de los impuestos que pagándolos.

Barrow resume así la situación: "Por tanto, el Estado se convirtió en lo principal. No se interesaba en el indi-

---

[70] Se ofrecen, sin tratarse de una enumeración exhaustiva y cerrada, los servicios siguientes: ejército, policía de caminos y mares, construcción de infraestructuras, administración de los tributos, correo, espectáculos, ayudas alimentarias y pecuniarias y pago de los funcionarios imperiales.

viduo como tal, sino simplemente como miembro de un gremio, de una clase o de un interés, organizados para satisfacer sus propias necesidades económicas o administrativas. De esta manera, el hombre como individuo, se transformó, en realidad, en esclavo del Estado".

La desorientación del individuo y la búsqueda de sentido

Claudia Moatti en su brillante obra *Razón de Roma* formula, en relación con el origen de la crisis de la Roma de la República tardía, una pregunta que podría plantearse, con pleno sentido, en la actualidad: "¿Qué valores seguir en un período en el que todo se permite, en un mundo donde se han perdido los juicios morales, donde las palabras ya no tienen sentido?".

Efectivamente, la "Roma estoica" (al igual que en el presente) vivirá una aguda crisis de valores y principios. Como señala acertadamente Theodor Mommsen en su *Historia de Roma*: "La República rompía el molde de Italia al extender sus conquistas por oriente y occidente, iba a desapareciendo la antigua sencillez italiana y en su lugar la reemplazaba la civilización el helénica que todo lo había invadido. La lucha entre las costumbres antiguas y las nuevas comenzó en todos los aspectos".

Testigos privilegiados del momento como Plinio o Salustio verán, en la extensión y apertura de Roma, la causa de la decadencia de la ciudad y del abandono de sus tradiciones y costumbres (*mores*). Efectivamente, las legiones romanas habían derrotado primero a Cartago y después habían doblegado la última resistencia militar griega con la derrota de la Liga Aquea y la destrucción de la ciudad de Corinto, pero los griegos "invadirían" Roma con su filosofía, sus artes y sus costumbres lo refleja Horacio certera y sintéticamente en la máxima: *"Graecia capta ferum victorem cepit"*. (La Grecia conquistada rindió a su fiero vencedor).

De esa aguda crisis de valores, tenemos constancia por el testimonio de destacados protagonistas de aquella época y que se caracterizará por una serie de rasgos que nos son muy familiares en la actualidad:

- *Se genera un contexto de desorientación personal* y de falta de puntos de referencia para orientar la conducta y planificar la propia existencia. (ausencia de "voluntad de sentido"). No en vano, se pregunta Cicerón en *La república,* invocando a Ennio: "¿Qué queda ya de aquellas antiguas costumbres sobre las que aquél [el poeta Ennio] dijo que se alzaba firme el Estado Romano?".

- *Se impone el individualismo, el egoísmo, el materialismo y el hedonismo,* primándose la satisfacción de las apetencias y deseos del momento y mostrándose una evidente incapacidad para demorar la recompensa a medio y largo plazo. (Voluntad de placer).

  Salustio, todavía en tiempos de la República, afirma en "Fragmentos de Historias" (Libro primero, 10) que: "… la discordia, el afán de dinero y de poder y demás plagas que suelen brotar en los periodos de prosperidad, se acentuaron después de la destrucción de Cartago".

  Y cuando nos describe el carácter del conjurador Catilina y la influencia del entorno sobre su "ánimo feroz" nos dice: "le incitaban además las costumbres corrompidas de la ciudad echadas a perder por dos males pésimos y opuestos entre sí: el libertinaje y la avaricia". (*La conjuración de Catilina.* VI).

Horacio, (65 a. de C.- 8 a. de C.) por su parte, llama la atención sobre la cesión ante los placeres y la progresiva degeneración de las costumbres: "¿Qué no ha erosionado el corrosivo día? La generación de nuestros padres, peor que la de nuestros abuelos, nos engendró a nosotros, más perversos aún, quienes habremos de procrear con el paso del tiempo una prole más viciosa todavía". (*Odas,* III, 6). El sujeto, a pesar de su individualismo, se "masifica", se uniformiza y depende, en gran medida, de lo que los demás piensen de él[71]. Es la paradoja del sujeto de nuestro tiempo[72].

---

[71] *Vid.* Bouchoux, Jean Charles (2016). *Los perversos narcisistas.* Barcelona, Arpa y Alfil editores, 2016. P.71. Según Bouchoux, vivimos en una sociedad de narcisistas, entendiendo por tales a las personas demasiado preocupadas por su imagen: "tienen dificultades para ser naturales. No pueden tener valores, ni ideas propias ni una verdadera personalidad. Cuando hablan, no pueden decir lo que sienten, deben decir lo que creen que hay que decir para resultar interesantes. Sus valores son a menudo valores del otro o del grupo". Sobre ese individuo mimético y carente de auténtica personalidad se han manifestado numerosos autores entre los que cabe destacar a los siguientes:

Allan Bloom, que toma como referencia la genial película de Woody Allen, destaca que el hombre actual padece el "síndrome de Zelig", un individuo que está dirigido desde su exterior y cuya esencia es no tenerla, consiste en ser camaleónico y convertirse en lo que, en cada momento, se espera de él. *Daniel Goleman* también se refiere a Zelig en su libro "Inteligencia emocional" y asocia el personaje con un perfil psicológico que la psicoanalista Helena Deutsch ha denominado "personalidades como si" y que se caracterizan por manifestar una extraordinaria adaptación a las señales de quienes les rodean. Ortega y Gasset al referirse al "hombre masa" afirma: "más que un hombre es un caparazón de hombre constituido por meros idola fori, carece de un dentro, de una intimidad suya... De aquí que esté siempre en disponibilidad para fingir ser cualquier cosa".

[72] *Vid.* Byung Chul-Han, *La expulsión de lo distinto,* Barcelona, Herder, 2017. Se refiere este autor a los efectos de la globalización y la consiguiente eliminación de las barreras y particularidades en un proceso de uniformización

Lo describe, con precisión, Juvenal (60-128 d. de C.) en su *Sátiras:* "No estamos por tanto a su altura: es mejor el que siempre y en cada instante del día y de la noche puede poner la cara según la cara del otro". (Sátira 3, 105).

En ese sentido, el individuo se construye desde fuera hacia dentro, se "idiotiza", (del *idioté* griego, es decir, los que se centran en sí e ignoran a los demás) es el estulto que carece de ideas propias, de un criterio independiente y de una verdadera personalidad.

Ortega y Gasset lo plantea en *La rebelión masas* al llamar la atención sobre el paralelismo entre la sociedad de masas contemporánea y la de la época del Bajo Imperio. A su juicio, aquél fue también: "un tiempo de masas y de pavorosa homogeneidad. Ya en tiempo de los Antoninos, se advierte claramente un extraño fenómeno, menos subrayado y analizado de lo que debiera: los hombres se han vuelto estúpidos".

- *Se rinde culto al dinero, todo se materializa, incluidas las relaciones y las personas que son objeto de alienación y cosificación.* Se utiliza la riqueza y la ostentación suntuaria como instrumento para potenciar la imagen y el prestigio personal. (Voluntad de poder).

De esta circunstancia da testimonio, también, Juvenal. En su Sátira 11, al afirmar: "En cambio ahora los ricos no experimentan ningún deleite en cenar... a nada les sabe el rodaballo, a nada el gamo, parece como si perfumes y rosas les apestaran, si no sostiene sus anchas mesas un rampante

---

de los ciudadanos del mundo. Define este fenómeno como "el infierno de lo igual" al que nos aboca una época de hipercomunicación, sobreproducción, exceso de información e hiperconsumo.

leopardo con sus fauces abiertas, labrado en el grueso marfil de los colmillos que envían acá la Puerta de Siene". (El actual Asuán en Egipto). (Sátira 11, 120).

En su Sátira 3, no es menos explícito: "Aquí [en Roma] está por encima de los recursos el lucimiento propio del vestido, aquí se pasa uno un poco de la raya, de vez en cuando se recurre al capital ajeno. Es vicio general, aquí vivimos todos en medio de una pobreza pretenciosa". (Sátira 3, 180).

- *Priman los intereses particulares* frente al interés general y comunitario. La "ciudad" que, en Roma, siempre se había antepuesto a todo y que se concebía, incluso, como una vía para trascender la finitud del individuo y ganar la inmortalidad, cede terreno ante el imperativo individualista del "bienestar" y la renuncia a asumir las más elementales responsabilidades cívicas.

De nuevo Juvenal, lo sintetiza magistralmente en su Sátira 10: "Hace ya tiempo, desde que a nadie vendemos votos, se ha desembarazado este pueblo de responsabilidades y es que el que otorgaba antaño generalatos, insignias, legiones, todo, ahora se retrae y ansioso no pide más que dos cosas: Pan y circo[73]".

---

[73] En la misma línea que Juvenal, Byung Chul Han, el filósofo surcoreano ha trasladado esa preocupación a nuestros días al afirmar que: "La dominación perfecta es aquella en la que todos los humanos solamente jueguen. Juvenal caracterizó con la expresión "panem et circenses" aquella sociedad romana en la que ya no era posible la acción política. La gente se calla con comida y juegos espectaculares. Renta básica y juegos de ordenador serían la versión moderna del "panem et circenses".

Si los nuevos romanos se mostraban poco atraídos por la participación en cualquier actividad de la vida de la ciudad, lo estaban todavía menos por el principal de los deberes ciudadanos, la defensa de Roma. Destaca Montanelli que: "Cuando es posible comerciar, enriquecerse, vivir en paz y el bienestar, ¿Quién escogería la precaria existencia de los soldados?".

El aforismo latino *"Si vis pacem, para bellum"* que había guiado la política republicana desde sus orígenes y que está presente, en una formulación muy semejante, en las *Filípicas* ciceronianas (7, 6,19), empieza a ser incomprensible e inasumible para las nuevas generaciones.

Las palabras con las que Cicerón abría *La República* empiezan a perder su sentido: "Puesto que la patria nos proporciona más beneficios a la vez que es una madre más antigua que la que nos creó, no hay duda de que se le debe un reconocimiento mayor que a la propia madre".

En una sociedad en la que se imponen un individualismo, paradójicamente masificado, y se cede ante todo tipo de impulsos y tentaciones sin puntos de referencia ni una reflexión serena, el estoicismo cobra, sin duda, plena actualidad.

Las razones que justificaron el éxito del estoicismo, hace más de 2.000 años y que hicieron de ella la corriente intelectual y filosófica más relevante del momento fueron, fundamentalmente, tres: que se trataba de una filosofía eminentemente práctica que constituía una guía de conducta para que el individuo organizara su proyecto vital, que respondía a las necesidades de un tiempo de crisis en el que se imponía ser fuerte y saber adaptarse a las circunstancias *(sustine et abstine)* y, finalmente, que daba respuesta a los retos derivados de un contexto de ampliación de horizontes y del escenario de la historia en el que Roma era, sin duda, la principal protagonista[74].

Si el estoicismo triunfó y jugó un papel clave en tiempos de la "Roma estoica", puede, por las mismas razones, hacerlo, igualmente, en la actualidad y en un contexto que tiene tantas similitudes con aquel.

2. SEGUNDA RAZÓN. La reivindicación del estoicismo por la filosofía contemporánea

Foucault y el "cuidado de sí": el compromiso estoico con la comunidad

Julián Marías no sólo llama la atención sobre la extraña vitalidad del estoicismo durante 500 años (entre el siglo III a. de C. y el siglo II d. de C.), sino, muy especialmente, sobre su repercusión posterior, sobre lo que denomina como las: "duraderas influencias en épocas más recientes".

Efectivamente, la estela de la filosofía estoica se deja sentir en diferentes corrientes de pensamiento y autores. Entre ellos, podemos destacar a: Erasmo de Rotterdam, Justus Lipsius, Quevedo, Montaigne, Calvino, Spinoza, Leibniz, Kant, Waldo Emerson, Thoreau, Husserl o Saussure.

---

[74] Desde una perspectiva marxista, se ha reprochado al estoicismo, como ideología por antonomasia de la Antigüedad tardía, la legitimación de la vocación hegemónica de Roma. Vid. Puente Ojea, Gonzalo (1974): *Ideología e historia. El fenómeno estoico en la sociedad antigua,* Madrid, Siglo XXI editores.

Por ello, no es, en modo alguno, extraño que esas "duraderas influencias" del estoicismo a las que se refiere Julián Marías hayan llegado hasta nosotros a través de uno de los más destacados filósofos contemporáneos.

Michel Foucault, que se distinguió siempre por denunciar los abusos del poder y la represión del individuo en el marco de lo que denominó "sociedad disciplinaria", ve, al final de su vida en esta corriente filosófica una vía para su liberación mediante la práctica del *souci de soi* o "cuidado de sí".

El objetivo es que cada uno de nosotros seamos exigentes con nosotros mismos y que trabajemos diariamente para perfeccionarnos, para ubicarnos correctamente en la realidad de la que formamos parte, para conocer su racionalidad, su organización y detalles y para comprender que no somos otra cosa que una parte de la "razón que preside el mundo" (un concepto central en el estoicismo).

El "cuidado de sí" no supone desentenderse de los otros para ocuparse exclusivamente de uno mismo, sino que constituye una propuesta netamente estoica o *neoestoica* que, aunque centrada en el individuo no es, en modo alguno, aislacionista.

Su objeto no es limitarse a la mejora personal y al conocimiento de uno mismo, sino que, muy al contrario, consiste en una preparación para que, como individuo activo, relacional y social que trabaja cada día para ser mejor pueda ofrecer lo mejor de sí mismo a la comunidad de la que forma parte.

En opinión de Frédéric Gros, el *souci de soi*, supone una apuesta en tres ámbitos diferentes (el filosófico, el ético y el político) de un mundo en el que, frente a la cosificación y la alienación del individuo, se impone la "emergencia de la subjetividad".

- Desde una perspectiva filosófica, el cuidado de sí constituye una vía para la liberación del sujeto. Su objetivo no es aprender la verdad sobre el mundo ni sobre uno mismo, sino hacer libre al individuo, prepararle y dotarle de un criterio propio, con el fin de que pueda afrontar los acontecimientos externos y de que sea capaz de actuar correctamente frente a las circunstancias.

- Desde una perspectiva ética, el *souci de soi* responde a la crisis de valores de nuestra sociedad y constituye una alternativa ética voluntaria. Supone una exigente elección personal de existencia que exige trabajo y esfuerzo en la que está ausente cualquier tipo de coacción externa.

- Desde una perspectiva política, estrechamente vinculada con la anterior, el "cuidado de sí", al preparar al individuo para actuar hacia afuera y para saber reaccionar ante los acontecimientos, "está atravesado por la presencia del otro". Le invita a actuar, no le separa del mundo, sino que, muy al contrario, lo sitúa correctamente en él, estimulando e intensificando su "dimensión relacional" porque: "en el fondo, el individuo y la comunidad, sus intereses y sus derechos se oponen a la vez que se completan: complicidad de los opuestos".

La recuperación del estoicismo en la actual sociedad global de la mano de Michel Foucault, se explica, en definitiva, por la necesidad de "salvar" al individuo y hacerle libre en un entorno de alienación y desorientación como el presente y en el que, al igual que en el periodo de la historia de Roma que es objeto de este estudio, se carece de los elementales puntos de referencia para planear y ejecutar un proyecto de vida.

3. TERCERA RAZÓN. La compatibilidad de la filosofía estoica y su modelo de dirección con las recomendaciones de los *Critical Management Studies* (CMS)

Una visión crítica desde el "corazón del management"

Además de la sanción de los planteamientos y del ideario estoicos por parte de la filosofía contemporánea mediante la alternativa del *souci de soi* "foucaultiano" y estrechamente ligada con este autor, existe dentro del propio mundo del management[75], una corriente, la de los *Critical Management Studies* (CMS) con la que la respuesta estoica a la alienación y cosificación del sujeto en el mundo actual de las organizaciones es perfectamente compatible.

Los *Critical Management Studies* se sitúan frente al mantenimiento del *statu quo* vigente a favor del empresariado y de la economía de mercado que, a su juicio, está sostenido por una "retórica managerial", por una "mística del management" que define lo que consideran el "código ético tradicional del directivo".

Dicho código se vale de una versión de divulgación y propaganda que ofrece a los cuadros medios y altos de las organizaciones leyes, consejos, recetas o intuiciones para afrontar la gestión cotidiana.

---

[75] *Vid.* Fernández, Carlos J. (2007): "Posmodernidad y teoría crítica de la empresa", incluido en *Vigilar y organizar. Una introducción a los Critical Management Studies.* Madrid, Siglo XXI, 2007. Martínez Lucio, Miguel. "¿Neoliberalismo y neoconservadurismo interrumpido? El porqué de la existencia de una tradición crítica en las escuelas de dirección de empresas británicas". Página. 305.

Los CMS representan una visión crítica de la realidad organizacional en la que hay una denuncia de las injusticias que, a su modo de ver, practica el nuevo liberalismo y su gestión implacable. Se denuncia el control y la coacción a la que se somete al individuo y, frente a ella, se recupera, conscientemente, el concepto de emancipación que considera olvidado en los discursos políticos. Se trata de una línea de investigación provocadora que tiene como objeto principal cuestionar la misma idea de gestión. Paradójica y sorprendentemente, este cuestionamiento se realiza desde el corazón del propio sistema: las escuelas de dirección de empresas.

Los CMS denuncian la falta de fundamentos éticos de las nuevas formas de gestión inspirándose en la tradición marxista, principalmente la de la Escuela de Frankfurt, y en la crítica posmoderna de autores como Foucault que subrayan el fracaso del proceso emancipador ilustrado, la alienación y cosificación del individuo y los mecanismos de represión y control a los que se ve sometido desde el poder.

Por ello, los CMS reivindican la necesidad de que las organizaciones se analicen en su marco histórico, político, social y cultural y manifiestan un interés prioritario por la defensa de la identidad y la subjetividad del individuo y por la humanización del trabajo. En el fondo de esta preocupación por el sujeto, por su liberación y "emancipación" se encuentran dos autores considerados clave por los CMS: Michel Foucault y Gilles Deleuze que mostraron su inquietud por la forma en que la sociedad y el Estado constreñían al individuo. Ambos autores acuñaron los conceptos de "sociedad disciplinaria" y "sociedad de control". Algunos especialistas los CMS como Fernández Rodríguez han reconocido la influencia de ambos en destacados teóricos de los "estudios críticos de la gestión" como Knights y Willmott, especialmente la de Foucault, en su aproximación a la relación de dominación entre el poder y el individuo y su subjetividad.

Precisamente, Foucault y Deleuze van a ofrecer como solución para liberar al individuo y para recuperar su identidad una reivindicación de la filosofía helenística, particularmente del estoicismo en el que ven una clara oposición a la filosofía platónica y socrática. Frente a este enfoque que prima hacer del individuo objeto del conocimiento, el modelo helenístico (en el que destacan los estoicos) otorga primacía al "cuidado de sí" como instrumento para la liberación del sujeto, pero sin por ello rehuir el conocimiento del mundo y el mantenimiento de una actitud activa y participativa en él.

Es cierto que, aunque los CMS cuestionan el concepto de gestión imperante que se legitima desde la que consideran "mística del management"[76] como parte de los mecanismos de control del individuo (la "fábrica" de Foucault. El entorno laboral) y que no se refieren, específicamente, a la solución estoica que Foucault y Deleuze sugieren. Sin embargo, no es menos cierto que la proposición emancipadora del *souci de soi* encajaría perfectamente con *las de los CMS* en relación con la necesaria humanización de nuestro actual contexto y la liberación del individuo que son las reivindicaciones fundamentales planteadas también por los CMS.

---

[76] *Vid.* Fernández, Carlos J. *Op. cit* . Página 3.

4. CUARTA RAZÓN. La convergencia de las sabidurías "estoica" y "directiva" y la idoneidad de la "dirección estoica" en un contexto de incertidumbre

Un catálogo común de recomendaciones de ambas "sabidurías"

Como se ha señalado al principio de este trabajo, existe una indiscutible convergencia entre las recomendaciones de destacados autores del estoicismo romano con las propuestas de algunos de los más notables clásicos del management contemporáneo.

Tras un detallado análisis del contenido de los textos tanto de los representantes de lo que se denomina "sabiduría estoica"[77], como de los representantes de la "sabiduría directiva"[78], se ha comprobado que realizan una serie de consejos o recomendaciones que coinciden en la necesidad de:

- Tener una *visión estratégica* y conocer en profundidad nuestro entorno, concebido como un todo del que formo parte. (El "monismo estoico".)
- *Desentrañar las reglas que rigen el funcionamiento del mundo.* (La "ley natural" o "razón universal" de la que el hombre participa mediante la "chispa divina" o razón individual.)

---

[77] Los ya citados en el apartado "Una filosofía de gestión válida en el ámbito de la dirección de organizaciones" de la introducción a este trabajo: Cicerón, Epícteto, Séneca y Marco Aurelio.

[78] Los igualmente citados: Peter Drucker, Stephen Covey, Henry Mintzberg, David A. Whetten, Kim S. Cameron, y Juan Antonio Pérez López.

- *Valernos de la razón como guía* liberadora de las pasiones e instintos y base de un *sentido crítico que evita las percepciones erróneas* (opiniones y pasiones) susceptibles de enturbiar nuestra visión de la realidad y nuestra conducta. (Las "falsas representaciones".)

- *Aceptar la realidad como es (Fatum,* destino, predestinación y "ley natural"), distinguiendo qué depende de nosotros, asumiendo la responsabilidad de nuestros actos y afrontando la adversidad y los contratiempos.

- Ser conscientes de la *necesidad del conocimiento y control de nosotros mismos.* (El autoconocimiento y autocontrol como base de la *apatía o tranquillitas* y del liderazgo o "gobierno de los demás".)

- *Trabajar en un proceso de perfeccionamiento, aprendizaje y mejora permanente.* (La *"cura sui, "ouci de soi* o "cuidado de sí".)

- *Cultivar una ética del carácter* y hacer de los principios y de su observancia el eje de nuestra vida y la base de nuestra autoridad moral y ejemplaridad. (El *exemplum* base de la *auctoritas* que se impone a la *potestas* y los criterios jerárquicos.)

- *Aplicar lo que se aprende (Facta non dicta)* y primar siempre la acción.

- *Trabajar, no obstante, con método y orden (Servat ordinem et ordo servabit te),* reflexionando, planificando y estableciendo objetivos y prioridades.

- Sacar el *máximo partido a nuestro tiempo y ajustar la acción al momento más oportuno. (Occasio o eukairía).*

- *Reconocer la herencia recibida* de quienes nos antecedieron en la historia y el valor de la tradición mediante una aproximación crítica. (Historia y *mos maiorum* concebidas como legado de antepasados.)

- *Priorizar a las personas y obtener lo mejor de ellas*, sabiendo escuchar y comunicar (actitud abierta, asertiva y relacional propia de la *humanitas*), estimulando la colaboración, generando confianza como requisito imprescindible para atraer voluntades y liderar, respetando y reconociendo la importancia de la palabra como medio para aproximarnos e influir en los demás. (La importancia de la escritura, la lectura y de la oratoria. La *compositio verborum* y la *eloquentia*).

- *Primar el interés general de la comunidad* en la que, como seres sociales, cobramos pleno sentido (compromiso cívico, cosmopolitismo, *"humanitas"*, *"civitas"*, *"zoon politikon"*).

Todo este repertorio de recomendaciones se puede ordenar y estructurar en el marco de las cuatro competencias básicas del *modelo de* "dirección estoica" que, a su vez, están relacionadas con los cuatro *temas básicos del pensamiento estoico: monismo, razón, predestinación y cosmopolitismo* de los que se hace una breve descripción:

- *Monismo:* el estoicismo concibe el mundo como un cuerpo único, como un organismo racional y vivo, un sistema integrado, un todo cuyas partes, conectadas mediante la *sympatheia,* cobran pleno sentido por su relación entre ellas y por su integración en la unidad que las engloba. "El encadenamiento de las cosas determina una armonía entre ellas. El universo es como una obra de arte, conexa y ordenada[79]".

---

[79] *Vid.* Marías, Julián (1980): *Biografía de la filosofía.* Madrid, Alianza Editorial.

- *Predestinación:* los estoicos recuperan el tema de la predestinación, la fatalidad o el destino. Desde su punto de vista, los acontecimientos se producen necesariamente y de acuerdo con la "ley natural" que rige el cosmos. En ella, todo está previsto y ordenado con el único objetivo de lograr la perfección de esa unidad que constituye la realidad. La ley de la naturaleza es el *logos* (la razón).

De la predestinación se deriva un determinismo que, en principio, puede pensarse que destruye la libertad del individuo y empujarle a la pasividad, a la apatía (al "pasotismo"), consciente de que nada de lo que haga tiene sentido alguno cuando su futuro ha sido ya escrito.

Se puede entender la predestinación como algo relacionado con los propios hechos, con los acontecimientos o se puede entender que está referida a la forma en la que pasan las cosas, al mecanismo o ley que explica el funcionamiento del universo:

- Si entendemos el destino como el conjunto de acontecimientos que necesariamente van a tener lugar debemos, en primer lugar, asumir que no podemos cambiar su curso y que nuestra libertad consiste en la asunción y aceptación de esa circunstancia.
- Si entendemos el *fatum* o destino como la forma en la que pasan las cosas, debemos, igualmente, ser conscientes de que no podemos cambiar las reglas que deciden el funcionamiento del mundo, pero sí podemos trabajar para conocerlas. Nuestra libertad consiste en asumir y conocer esa lógica interna (la ley natural) que lo gobierna.

Con independencia de la interpretación que hagamos de la predestinación, tanto en uno como otro caso, el individuo, lejos de mantenerse pasivo, tendrá que trabajar de manera activa y sin descanso (autoexigencia y *metáfora de la lucha* a la que se ha hecho referencia en la introducción), bien para conocer muy bien su entorno y tener una visión ajustada de la realidad que le permita sacar el máximo partido de los acontecimientos que, necesariamente, se van a producir, bien para adecuarse y saber cómo funciona la ley natural y estar en sintonía con el orden impuesto por ella.

Esa es la "paradoja estoica" que hace compatible la fatalidad con la libertad del individuo, una libertad que nace, precisamente, del reconocimiento del hecho de la predestinación[80].

---

[80] Respecto a la que entendemos cómo la "gran paradoja" estoica, Anthony Birley en su obra de referencia sobre la vida del emperador Marco Aurelio *(Marco Aurelio. La biografía definitiva)*, destaca que: "Con una contradicción que nunca pudieron resolver con éxito completo, lo cual no es de extrañar, los estoicos creían tanto en la predestinación como en el libre albedrío".

Esta paradoja existe igualmente en el calvinismo que considera que el destino de cada uno de nosotros está ya escrito por Dios y no se concibe la posibilidad de que altere sus decisiones al respecto, pero paradójicamente y a pesar de la predestinación, concibe la existencia no como abandono a nuestra suerte y a la pasividad, sino como tarea continua que, de verse culminada con éxito, se constituye en prueba de nuestra salvación. Lo expresa Jean Delumeau con total claridad en su libro ya clásico *La Reforma* cuando analiza la hipótesis de Weber sobre la relación entre protestantismo y el desarrollo del capitalismo: "Según Max Weber, la moral profesional calvinista tan viva entre los puritanos, deriva del dogma de la predestinación... El elegido no vive para sí mismo, ni para los demás, sino sólo para la gloria de Dios... el predestinado no trata –lo que sería inútil– de modificar a su favor, por medio de buenas obras, el veredicto del Juicio final, sino que más bien piensa que el éxito en sus negocios es una señal por la que Dios le da a conocer que ha sido salvado".

- *Razón:* según la filosofía estoica, el hombre, como ser racional y mediante la razón[81], se libera de los instintos, las pasiones, los sentimientos y las opiniones (las *falsas representaciones*) que pueden confundirle y darle una visión distorsionada de la realidad. Sólo, de esta manera, alcanza la sabiduría, la "apatía", la *tranquillitas* y la libertad necesaria para orientar su conducta. Lo único que resulta valioso para un estoico es lo que depende de él: su comportamiento racional. Todo lo demás le es indiferente.

La virtud, desde una perspectiva estoica exige que, el individuo esté de acuerdo con el orden natural de las cosas que impone la razón del universo del que forma parte. La virtud en el estoicismo carece de fin. No tiene un porqué, no se es virtuoso para ser feliz, sino para ser virtuoso porque, de esa manera, estamos en sintonía con la naturaleza. Para los estoicos, la virtud es, en sí misma, el "premio".

La razón bien utilizada, la recta razón, es la virtud: "El hombre obra bien cuando se comporta de un modo conforme a la razón...en armonía con la naturaleza"[82].

La libertad del individuo, la salvación de su libre albedrío consiste en optar por un modo de vida racional[83] que le permite estar en sintonía con la ley universal y afrontar los hechos de la mejor manera posible.

---

[81] El hombre participa de la razón universal.

[82] Vid. Marías, Julián: *Op. cit.* P. 135.

[83] En opinión de Victoria Camps: "la racionalidad, igualmente siempre ha sido sinónimo de coherencia e inteligibilidad. Ser racional es poder dar razones de lo que uno es y hace: saber cuáles son los propios fines y adecuar a esos fines los medios justos". (*Vid.:* Camps, Victoria, *Virtudes públicas.* Página 147).

La razón es la que le da una visión ajustada del entorno sin deformaciones, la que le capacita para la construcción de juicios fiables, la que le dota de un sentido crítico y le obliga a plantearse preguntas,[84]no dando nada por sentado, la que, en definitiva, hace posible que tenga una guía y un criterio propio sobre todo lo que le rodea.

La razón, además, está en el origen de la autoconciencia humana que otorga al hombre la capacidad de trascender el presente, percibir la posibilidad de una trayectoria vital y la necesidad de guiar su conducta. Para ello, se vale de los conceptos[85], principios, valores y virtudes[86] que, elaborados por la razón, le asisten para superar las "influencias perniciosas" que vienen del exterior, del egoísmo y de sus impulsos y pasiones y la realización de una vida activa, plena y lograda (conforme con la razón).

Los estoicos, como Sócrates, consideran que el hombre tiende naturalmente al bien que no es otra cosa que su sometimiento a su naturaleza racional. Por naturaleza, tiende a la virtud, cuenta en sí con unas "semillas", "unas

---

[84] La mayéutica socrática como método de aproximación racional a la realidad.

[85] La razón hace posible elaborar y reelaborar conceptos a partir de la información de los sentidos. Los conceptos morales (principios y valores) no son *a priori*, pero puede entenderse que son "dados por la naturaleza" porque son resultado de la vida interior del hombre y *su disposición racional que es la base de su vida espiritual*.

[86] El estoicismo, como se ha señalado, habla en singular de virtud que es el alineamiento con la razón. No obstante, García Borrón señala que esa virtud singular se "difracta" en diferentes virtudes estrechamente entrelazadas.

débiles chispas" *a partir de las cuales debe alcanzar la virtud con su propio esfuerzo*[87].

La ética estoica es, por tanto, una ética intelectualista porque se basa en la razón, en un conocimiento fiable, en una sabiduría a la que se accede por el buen uso de la más humana de las facultades.

Como subraya Mosterín, la diferencia entre el sabio y el estulto se resume en la contestación a una pregunta sencilla: ¿En qué se diferencian si ninguno de los dos es libre de alterar el curso de la naturaleza? El necio se resistirá y tratará, llevado por sus pasiones, de ir contracorriente, el sabio, por el contrario, reconocerá el orden de la naturaleza y lo aceptará dejándose guiar por la razón, sintonizando, de esta manera, su parte racional con la razón universal.

En palabras de Séneca: *"Fata volentes ducunt, nolentes trahunt"* (el destino guía a los que lo asumen y arrastra a los que no lo asumen).

- *Cosmopolitismo:* para el estoicismo, todos los hombres están unidos por su naturaleza racional común que les iguala en dignidad y derechos. Por este motivo, intentan una proyección social mediante un ideal de vida concebido como acción y servicio a la comunidad. (Según Séneca: *"Omnis vita servitium est"*).

---

[87] Una ética cuya noción central es la virtud, un tipo de ética que Victoria Camps entiende "como formación del carácter, modo de ser, costumbre o hábito". Una ética, vinculada, en definitiva, "con la autoeducación y el esfuerzo constante por lograr una excelencia en la manera de vivir". (*Vid.:* Camps, Victoria. *Op. cit.* P. 25).

La filosofía estoica es una filosofía de perfeccionamiento personal, pero ello, como vimos al analizar el *souci de soi* no implica el aislamiento del individuo. Su objeto no es limitarse a la mejora personal y al conocimiento de uno mismo, sino que esa actividad individual de perfeccionamiento constituye una preparación para estar, de la mejor forma posible con los demás y para desempeñar, adecuada y activamente, el papel que nos corresponde como miembros de nuestra comunidad.

El concepto de *humanitas* es el que vertebra el *cosmopolitismo o ecumenismo* estoico y se basa, como se ha indicado, en nuestra naturaleza racional, la facultad por excelencia que nos caracteriza y une a todos los humanos.

El cosmopolitismo tiene una triple dimensión: la del ámbito individual que se traduce en un sentido de la dignidad personal propia, la del ámbito de las relaciones interpersonales que supone el reconocimiento de la personalidad de los demás (que exige, según Cicerón, transigencia, dominio de sí, simpatía y consideración con quienes nos rodean) y, por último, se manifiesta como un sentimiento de hermandad y solidaridad universal con todo el género humano. Epícteto distinguía, en esta última dimensión del cosmopolitismo, entre la "ciudad más cercana" (la comunidad de la que formamos parte) y la "ciudad universal"[88] (el género humano en su conjunto).

---

[88] "Pero si te ves como un hombre y como parte de un todo... ¿qué es un hombre? Una parte de la ciudad, primero de la de los dioses y los hombres [del mundo] y, después de la que te sea más cercana, que es un pequeño remedo de la universal". (Epícteto. *Disertaciones por Arriano*).

Las cuatro competencias del modelo de dirección estoica

Las competencias esenciales del paradigma de dirección estoica son las siguientes:

- *Pensar en términos estratégicos.* Se refiere a la necesidad de tener una visión integral, sistémica y global de la realidad que nos permite dar sentido e interpretar las partes que la configuran, aceptarla como es, adaptándonos a ella y teniendo una percepción ajustada y libre de *opiniones y apariencias* gracias a nuestra perspectiva racional.

    Esta competencia está vinculada, fundamentalmente, con el tema del monismo estoico y la percepción de la realidad como un todo, así como con el uso de la razón para ver el entorno con claridad.

- *Aprender y perfeccionarse.* Implica tener un alto grado de autoexigencia, conocimiento y control de nosotros mismos como una parte esencial de la realidad a la que debemos hacer frente. Sólo haciendo buen uso de la reflexión, trabajando en un proceso continuo de formación[89] y mejora personal (actitudes, aptitudes, conocimientos y destrezas), siendo ejemplares y coherentes con nuestros principios y valores, imponiendo la razón y la virtud como guías de nuestra conducta podremos primar la acción con orden,

---

[89] Una suerte de *longlife learning* estoico, un concepto sobre el aprendizaje permanente y la puesta al día constante al que, más adelante, veremos que se refieren Drucker y otros autores. Igualmente, se alude a los procesos de *upskilling* y *reskilling* en la Razón 6.

sistema y un buen uso del tiempo. Sólo desde el "autogobierno" podremos "gobernar" a los demás. (La "victoria privada" que precede a la "victoria pública" en Covey).

Esta competencia debe asociarse, principalmente, con los temas estoicos de la razón (virtud) y la predestinación.

- *Priorizar a las personas, motivar y liderar.* Supone un compromiso para hacer mejores a aquellos con quienes trabajamos. Un compromiso para estimular su talento, para aprovechar todo su potencial, para corresponsabilizarles y para facultarles[90] con el fin de cumplir los objetivos que nos hayamos fijado mientras ellos crecen profesional y personalmente. Todo ello implica ejercer un liderazgo efectivo que exige, por una parte, saber escuchar, confiar, estimular la participación y ser capaz de comunicar (el valor de la palabra) eficazmente los objetivos y visión de la organización para conseguir que sean compartidos e interiorizadas por todos (unidad). Por otra parte, supone guiar desde la ejemplaridad, la autoridad moral y la consistencia con los principios y valores que deben orientar nuestra actuación. ("ética del carácter" y "victoria pública" en Covey y "roca de los principios" en Drucker).

Esta competencia se relaciona, sobre todo, con los temas estoicos de la razón (virtud) y el cosmopolitismo en el ámbito de las relaciones interpersonales y la comunidad más cercana.

- *Concentrarse en resultados.* Supone la consecución de los objetivos fijados por la organización mediante la definición de estructuras y la asignación y coordinación de los recur-

---

[90] Se genera un entorno de unidad (de propósito), confianza y corresponsabilidad que hace posible un *facultamiento* que va más allá de la mera delegación.

sos disponibles para la ejecución y control de las diferentes estrategias y planes, pero implica, principalmente, un impacto fuera de ella y, en consecuencia, en la comunidad en la que se integra dicha organización y en la que cobra pleno sentido. (La *función social de las organizaciones* presente en Drucker, Covey, Crozier o Pérez López).

Esta competencia se vincula, en mayor medida con el tema estoico del cosmopolitismo en su dimensión más amplia, la de la comunidad humana, ya sea, siguiendo la distinción de Epícteto, la comunidad más cercana o la universal.

Como prueba de la sintonía o alineamiento de la "sabiduría estoica" con la "sabiduría directiva" ya señalada, *se ofrece una significativa muestra*, necesariamente muy breve, *de citas de ambas sabidurías* que, seleccionadas para cada una de las competencias del modelo, figuran a continuación:

- Primera competencia. *Pensar en términos estratégicos*:

> "Piensa de cuando en cuando en la indisoluble unión de todas las cosas terrenales y en la relación íntima que existe entre ellas, porque todas están, por decirlo así, entrelazadas unas con otras y, por consiguiente, reina entre ellas una estrecha simpatía, la una se inclina hacia la otra por afecto de la tendencia, del concurso y de la comunión entre todas las partes de la materia". (Marco Aurelio. *Pensamientos*).

> "El directivo se encuentra en las mismas dificultades que quien monta un rompecabezas: aunque maneja diminutas piezas, no puede olvidar la imagen completa... se corre el peligro de que en su búsqueda del detalle el directivo sea incapaz de concebir los asuntos en su globalidad. Tiene que saber distanciarse de los datos para poder ver, cuando sea

preciso, una serie de modelos amplios y sólidos...en vez de percibir, únicamente, una caótica masa de detalles". (H. Mintzberg. *La naturaleza del trabajo directivo*).

- Segunda competencia. *Aprender y perfeccionarse*:

  "Piensa que te han hecho custodio de ti mismo y que te han dicho: no podemos confiarte a un tutor más fiel y atento que tú mismo". (Epícteto. *Máximas*).

  "El verdadero éxito es el éxito que se obtiene con uno mismo. No consiste en tener cosas, sino en el autodominio, en la victoria sobre sí". (S. Covey. *Los siete hábitos de la gente altamente efectiva*).

  "Mientras que tú no halagas a nadie, ni a nadie adulas; cultivas tu alma, te afanas por adquirir conocimientos sabios...". (Epícteto. *Máximas*).

  "... para tener éxito, todas las personas deben estar aprendiendo constantemente. Que el conocimiento es lo más importante para sostener una ventaja competitiva...el aprendizaje de por vida es un requisito para vivir de una forma exitosa, sin mencionar para la habilidad directiva exitosa". (Whetten y Cameron. *Desarrollo de Habilidades Directivas*).

- Tercera competencia. *Priorizar a las personas, motivar y liderar*:

  "Así es oficio de los hombres superiores por la virtud y prudencia, excitar en nuestros semejantes sus naturales inclinaciones prontas y dispuestas a acrecentar la felicidad común... y como según place a los estoicos, los hombres mismos han nacido los unos para los otros, a fin de que puedan ayudarse recíprocamente, en este sentido debemos seguir la naturaleza como guía, poniendo en común lo que puede ser útil a todos con el intercambio de servicios, dando y recibiendo y hacer más íntima la sociedad de los hombres entre sí con nuestro ingenio, con nuestro trabajo y todos los medios de que dispongamos". (Cicerón. *Sobre los deberes*).

"El hecho de que prepare a sus subordinados, orientándolos bien, los ayude a desarrollarse y convertirse en personas de mayor valer, determinará directamente si él mismo habrá de desarrollarse y convertirse en una persona de mayor valer... Y la función que distingue al gerente por encima de todas es la función educacional. La contribución única que se espera de él es que dé a otros la visión y la capacidad para desempeñarse". (P. Drucker. *La práctica del management*).

"Tenga el alma a alguien a quien respete y con cuya autoridad lleve a efecto más honestamente sus pensamientos más secretos... ¡Oh dichoso el que puede respetar a alguien de manera que también con su recuerdo se forma y ordena!". (Séneca. *Cartas a Lucilio*).

"...Lo esencial de la acción del líder es que ésta modifica los motivos por los que actúan sus subordinados. En los análisis afinados de liderazgo, se llega a mencionar explícitamente que el líder se caracteriza por elevar los motivos de quienes les siguen, influyéndoles para que actúen por motivos más nobles, de mayor calidad". (J. A. Pérez López. *Fundamentos de la Dirección de Empresas*).

- Cuarta competencia. *Concentrarse en resultados*:

   "... debes mirar el bien de los hombres y servir a la sociedad humana y has nacido con tal condición y tienes unos principios de la naturaleza a los que debes someterte y seguir de forma que tu interés sea el interés común y, a su vez, el interés común el tuyo". (Cicerón. *Sobre los deberes*).

"Se requiere del gerente que asuma su responsabilidad por el bien púbico, que subordine sus acciones a una norma de conducta ética y que restrinja su interés personal y su autoridad siempre que su ejercicio pueda ser contrario al bien público o afectar a la libertad del individuo…". (P. Drucker. *La práctica del management*).

Los rasgos definitorios del "directivo estoico"

En el marco de las cuatro competencias señaladas, el "directivo estoico" se caracteriza por ser:

- *Racional:* porque sabe hacer buen uso de la facultad de la razón que rige la realidad, desde una ética del carácter y porque tiene una actitud crítica y un criterio propio sobre las cosas.
- *Seguro de sí:* porque es sereno, firme y consecuente con sus principios, porque trabaja permanentemente en su autoconocimiento y autocontrol y tiene una visión sistemática y ajustada del entorno que lo ubica adecuadamente en él.
- *Activo y proactivo:* porque su prioridad es la acción, procurando adelantarse a los acontecimientos.
- *Prudente y reflexivo:* porque, aunque prime la acción, piensa y reflexiona cuidadosamente antes de actuar, procede con orden y método y escoge el mejor momento para intervenir.

- *Responsable:* porque es consciente de la realidad, distingue qué es lo que depende de él y asume su responsabilidad sin escudarse en las circunstancias.
- *Adaptativo y resiliente:* porque acepta y se amolda al entorno en el que desarrolla su actividad, es constante y pertinaz y sabe reaccionar y asumir los contratiempos y la adversidad.
- *Respetuoso con el pasado:* porque aprecia críticamente la herencia recibida.
- *Relacional, comunicativo y humilde:* porque está abierto a los demás, sabe escuchar, comunicar y reconocer el valor de la palabra, ilusionando, atrayendo voluntades y motivando desde un liderazgo servicial, participativo y ejemplar.
- *Generador de una confianza, responsabilidad, iniciativa y seguridad en sus colaboradores.*
- *Comprometido socialmente:* porque tiene plena conciencia de que los individuos y las organizaciones tienen una función social y alcanzan todo su sentido en el marco de una comunidad que conciben en su sentido más amplio, cosmopolita y global.

Como se verá en la Razón 9, todos ellos coinciden, en lo esencial, con los elementos que configuran el talento directivo que caracteriza al líder del futuro.

La utilidad del "paradigma de dirección estoica" frente a la incertidumbre.

De las competencias esenciales y rasgos propios de la "dirección estoica" expuestos, se desprende, fácilmente, que este tipo de dirección es el idóneo para hacer frente a un contexto de incertidumbre como el descrito en la introducción, toda vez que, frente a la falta de certezas y puntos de referencia, el cambio constante y la multiplicación de los actores como factores que rigen el actual entorno global, este modelo se basa en la confianza en nuestra propia fortaleza, en un trabajo permanente de mejora y en una correcta percepción de nuestro lugar en el mundo que nos permite afrontar los acontecimientos en las mejores condiciones, anticipándonos a ellos, en la medida de lo posible.

A tal fin, el "directivo estoico":

- *Forja su propia seguridad mediante el conocimiento y gobierno de sí, el buen uso de la razón y su sentido crítico*, la mejora de sus capacidades y el conocimiento de sus limitaciones.

- *Reduce las posibilidades de que surjan acontecimientos o factores imprevistos* porque tiene un conocimiento ajustado e integral de su entorno, es *proactivo y, por ser adaptativo y antifrágil/resiliente, sabe encajar las adversidades.*

- *Da confianza a sus colaboradores para afrontar los cambios, dificultades y posibles contratiempos,* valiéndose de sus principios, de su ejemplaridad y autoridad moral, fijando y compartiendo un propósito ambicioso y asumiendo sus responsabilidades sobre lo que depende de él.

- *Apoya, forma y aconseja a los miembros de su equipo* (función educacional) y hace posible la delegación, el "facultamiento", el enriquecimiento de su aportación y participación en el proyecto común, la innovación, la *mejora de su capacitación, su rendimiento, su autoimagen* y crecimiento personal *y, en consecuencia, de su seguridad psicológica.*

- *Es empático, sabe escuchar y comunicar, generar unidad y elevar los motivos de quienes trabajan con él* (motivación intrínseca y, sobre todo, trascendente) que, al *sentirse entendidos y protegidos, ven potenciadas su responsabilidad e iniciativa.*

Todo ello le permite:

- Aprovechar las oportunidades de un entorno en constante mutación por su conocimiento y su capacidad de adaptación a dicho entorno.
- Optimizar el "capital humano" individual y colectivamente, situando a la persona en el centro de sus preocupaciones, favoreciendo su autorrealización y su disposición a colaborar y trabajar en equipo con el fin de lograr la consecución de unos objetivos compartidos.
- Transcender el interés de la organización y de sus integrantes en favor del interés general y del cumplimiento de su función social.

La validación del modelo de dirección estoica frente a la incertidumbre a partir de dos propuestas concretas formuladas desde el ámbito del management

La idoneidad de los rasgos que definen el paradigma de *dirección estoica* para afrontar tiempos de crisis e indefinición está acreditada, además, por su coincidencia con dos valiosas aportaciones que, aunque separadas en el tiempo, tienen su origen en dos sucesos improbables y de gran impacto[91] y convergen tanto en su

---

[91] Sin duda, dos "cisnes negros" *(11-S y COVID-19)* según la definición de Nassim Taleb.

propósito de orientar a los directivos en situaciones inesperadas[92] como en los medios para conseguirlo.

Por una parte, me refiero a *La gestión de lo imperfecto* de J. Fernández Aguado,[93] un autor al que ya se ha citado como precursor en nuestro país del estudio de las relaciones entre el mundo del management y el de la cultura y la filosofía grecorromanas, y, por otra parte, a la sugerente contribución del libro *Future Shaper: How Leaders Can Take Charge in an Uncertain World*[94] *(*en lo sucesivo*: "Future Shaper"),* publicado en 2020 por Niamh O'Keeffe[95].

---

[92] *Vid.* en relación con esta cuestión: Traça, Daniel: "Horizonte 2050. El futuro del management. Navegando en un lago de cisnes negros", *Harvard Deusto Business Review.* Número 350, diciembre de 2024. A juicio del autor, las herramientas que debe utilizar el directivo para afrontar el futuro son la adaptación y la agilidad, la colaboración coordinada de todos los actores implicados (empresas, gobiernos e instituciones académicas) y la definición de una nueva ética de la responsabilidad más centrada en el impacto social que en los resultados económicos. (*Vid.* conclusiones en página 11 del artículo).

[93] Es doctor en Ciencias Económicas y Empresariales por la Universidad Complutense de Madrid (1996). Entre sus galardones se encuentran el Premio Nacional J. A. Artigas a la mejor investigación en Ciencias Sociales en 1997 y es el único español que ha recibido el premio Peter Drucker a la Innovación en Management en su edición del año 2008. Ha escrito setenta libros y es creador de diferentes modelos de diagnóstico, patologías y transformación organizativa.

[94] "El moldeador (creador) del futuro: ¿Cómo pueden los líderes hacer frente a un mundo incierto?".

[95] Con una trayectoria de 25 años en distintos servicios de asesoramiento en materia de liderazgo, consultoría estratégica, captación de talento y "coaching empresarial", O'Keeffe se ha convertido en una experta de prestigio internacional en la mejora del rendimiento de los líderes y sus equipos.

- En cuanto al primero de ellos, *La gestión de lo imperfecto*[96], es un trabajo escrito en el mismo arranque del milenio que comienza subrayando la incertidumbre y volatilidad de la realidad tras los, entonces, recientes atentados del 11-S en Nueva York.

Esa incertidumbre, lejos de atenuarse, se ha visto, como se ha señalado en la introducción, acentuada en los últimos años con nuevos desafíos globales en todos los terrenos: geopolíticos, tecnológicos, medioambientales, económicos, sociales y culturales que hacen que el contenido de este trabajo tenga una renovada y reforzada vigencia, toda vez que su objetivo no es otro que el de que los directivos sean capaces de desenvolverse con mayor seguridad y posibilidades de éxito en un mundo caracterizado por la inseguridad y el miedo, en un mundo en el que parece cuestionarse "un orden global fatigosamente logrado".

Lo sorprendente es que, para dar respuesta al reto de la inseguridad y a los desafíos de un entorno volátil y en constante mutación, el autor, no de una manera consciente ni explícita, realiza una serie de recomendaciones netamente estoicas en las que están presentes sus temas nucleares y establece, esta vez sin pretenderlo, esa conexión entre la sabiduría gerencial y la herencia clásica grecorromana, estoica en este caso, en la que, con tanta fortuna y profundidad, ha trabajado.

Fernández Aguado inicia su trabajo subrayando los inconvenientes derivados de la inestabilidad del mundo

---

[96] *Vid.* en *Management español: los mejores textos*. Barcelona, Ariel.

actual y se pregunta: "¿No ocurriría que, si fuésemos capaces de afinar nuestra mirada sobre el entorno, sobre nosotros mismos y sobre las personas con las que trabajamos, las soluciones que los directivos podrían ofrecer serían, al menos, en parte más efectivas?".

Existe una coincidencia casi literal de ese planteamiento con lo que nos propone Séneca que nos invita también a sopesar con detenimiento todos los factores de un entorno que es imprescindible conocer y aceptar: "Pero, ante todo, debemos examinarnos a nosotros mismos; después los negocios a emprender y, finalmente, las personas por las que o con las que hemos de trabajar...".

A continuación, Fernández Aguado destaca la importancia determinante de otra idea clave de la filosofía estoica, la de saber gestionarse a sí mismo "para estar en mejores condiciones de ofrecer respuestas válidas a los desafíos que se plantean en el gobierno empresarial al comienzo del nuevo milenio".

Refuerza esa afirmación con una cita de Casiano, uno de los primeros autores y padres de la Iglesia, en la que se hace especial énfasis en esa idea central del estoicismo de la que, sin duda, Casiano es tributario[97]. La cita subraya, con rotundidad, que la serenidad (la *tranquilitas* a la

---

[97] La influencia estoica, muy particularmente de su ética, en los orígenes de la Iglesia católica es innegable. A ese respecto, ya se ha aludido en la nota 11 a la importancia del estoicismo en la conexión de filosofía y cultura grecorromana con el cristianismo por tener, como se ha señalado, una evidente proximidad en cuestiones como la concepción de un Dios personal, la predestinación, el sometimiento a la voluntad suprema, el cosmopolitismo, la defensa de la dignidad de la persona o la práctica de la caridad.

que se refiere el estoicismo romano) depende de nosotros mismos y de nuestra capacidad para alcanzar la virtud desde nuestro interior: "Conviene no forjarnos ilusiones. La paz de nuestro espíritu no depende del buen carácter y benevolencia de los demás. Ese carácter bueno y esa benignidad de nuestro prójimo no están sometidos en modo alguno a nuestro poder y nuestro arbitrio. Esto sería absurdo. La tranquilidad de nuestro corazón depende de nosotros mismos. El evitar los efectos ridículos de la ira debe estar en nosotros y no supeditado a la manera de ser de los demás. El poder superar la cólera no ha de depender de la perfección ajena, sino de nuestra virtud".

Después de subrayar estas dos ideas fuerza del estoicismo (la importancia de conocer el entorno y el autogobierno del individuo), propone a los directivos una serie de "remedios" que constituyen un muy acertado catálogo (sin duda estoico) para mejorar su eficacia, ser capaces de "gestionar la imperfección" y contextos de incertidumbre con éxito.

Estos "remedios" se relacionan a continuación empleando las citas literales de Fernández Aguado. Su coincidencia con el repertorio de recomendaciones del estoicismo (que vertebran el "paradigma de dirección estoica") con el que se abre este apartado es evidente y se acredita, a continuación, vinculando las citas de *La gestión de lo imperfecto* con las diferentes recomendaciones de dicho repertorio que están asociadas a cada una de las cuatro competencias del paradigma de dirección estoica:

— *Conocer el entorno:* "¿No ocurriría que si fuésemos capaces de afinar nuestra mirada sobre el entorno… las soluciones que los directivos podrían ofrecer serían, al menos, en parte más efectivas?". Se vincula con la concepción integral de la realidad y el conocimiento de nuestro entorno, asociados a la primera competencia del modelo de dirección estoica.

— *Aceptar la realidad:* "Aceptar la realidad es el primer paso para el buen gobierno. Las cosas son como son". "Los directivos deben realizar un esfuerzo a veces por llevarse bien con la realidad". "… la limitación en la que vivimos ha de volverse grata, hemos de pactar con ella". Se vincula tanto con la concepción integral de la realidad y el conocimiento de nuestro entorno como con la necesaria aceptación de la realidad como es, asumiendo lo que depende nosotros. Todo ello está relacionado también con la primera competencia del modelo de dirección estoica.

— *Conocernos a nosotros mismos* "… ante todo, debemos examinarnos a nosotros mismos… Dominarse es fundamental para gobernar". "En el esfuerzo por alcanzar habilidades directivas, hay que dar un primer paso fundamental: ser capaz de mirarse en el espejo con apasionada audacia…". Se vincula con el conocimiento de nuestro interior y el necesario autocontrol asociados a la segunda competencia del modelo de dirección estoica.

— *Conocer nuestras limitaciones:* "La mayor perfección de la persona es ser capaz de descubrir las propias limitaciones, las de los demás y las del entorno…". Se vincula con el autoconocimiento y la asunción de nuestras limitaciones, asociados a la segunda competencia del modelo de dirección estoica.

- *Ser proactivos:* "Los directivos han de analizar agudamente la realidad, adelantándose a los sucesos". Se vincula con las recomendaciones estoicas de tener una actitud preventiva o proactiva y trabajar con anticipación, método y orden sobre aquello que dependa de nosotros, asociadas a la primera y segunda competencias directivas del paradigma estoico.

- *Sacar partido de la historia:* "No aceptar la propia historia es condenarse a no entenderse en el presente y a no afrontar adecuadamente el futuro". Se vincula con el respeto a la herencia recibida, asociado a la primera y segunda competencias directivas del paradigma estoico y sobre la que se pronuncian reiteradamente los autores del estoicismo romano.

- *Asumir el legado de la tradición y de la historia con sentido crítico:* "La historia del mundo y de las organizaciones es utilísima para aprender, pero no necesariamente para replicar lo realizado por otros, o al menos no de la misma manera". Se vincula con la reivindicación estoica (como se ha señalado, muy en particular de Séneca) sobre el necesario aprovechamiento de la historia, pero con sentido crítico que está asociada, igualmente, a la primera y segunda competencias del paradigma de dirección estoica.

- *Ser empáticos y adoptar una actitud relacional:* "Motivar exigirá el conocimiento de las necesidades de cada uno de los implicados. Esto supone fomentar la habilidad directiva de la empatía, que lleva a ponerse en el lugar del otro". "Defender personas es el mejor modo de promover una organización". "Un directivo debe ser respetuoso, flexible, escuchador, creador de áreas de encuentro... superar el convencimiento de que la dirección posee todas las verdades". "Es preferible siempre escuchar con atención lo que otros tienen que aportar...". "No se insistirá suficientemente en la diferencia entre corregir y reñir. Lo primero es necesario y conveniente y casi todo el mundo lo agradece cuando se le ayuda". Se vincula con la priorización de las personas, la necesidad de una actitud abierta y la importancia de saber escuchar y comunicar y estimular un entorno de confianza y colaboración, pilares que vertebran el modelo de dirección estoica y que se asocian con su tercera competencia.

— *Aunar voluntades:* "Ganarse a los subordinados supone gestionar no sólo el conocimiento, sino también la voluntad y los sentimientos de la organización... convocar la buena voluntad de las personas es el camino para dar solidez al proyecto". "Tratar a los miembros de la organización como si fueran niños es obligarles a comportarse como tales... tratar a los demás con indiferencia como si fuesen números, provoca que también éstos respondan de igual manera, sin implicarse en los proyectos...". Se vincula, como en el punto anterior, con la generación de confianza y el estímulo de la colaboración, asociados a la tercera competencia del modelo estoico de dirección.

— *Dirigir desde dentro hacia afuera:* "La posibilidad de tratar correctamente a los demás de forma habitual, pasa necesariamente por el equilibrio personal con uno mismo". Se vincula con el autoconocimiento, el autocontrol, con nuestro proceso de mejora permanente y con el cultivo de una ética del carácter basada en principios. Todo ello asociado a la segunda competencia del paradigma de dirección estoica.

— *Comunicar eficazmente:* "… las cuestiones de forma lo son también de fondo. Por eso… la manera en que se establecen las comunicaciones, y cómo se dan a conocer las decisiones tienen más relevancia de lo que a primera vista pudiera parecer… la comunicación debe ser fluida y clara". Se vincula con la capacidad de escuchar, comunicar y saber reconocer la importancia de la palabra, asociada a la tercera competencia directiva del modelo estoico.

— *Aprovechar el tiempo:* "Matar el tiempo en el presente —perderlo, no aplicarlo con sabiduría— no puede realizarse sin injuriar gravemente el futuro y… la eternidad". Se vincula con el aprovechamiento del tiempo (cuestión sobre la que insiste especialmente Séneca) asociado a la segunda competencia directiva.

— *Ser constantes y fuertes:* "Insistir fortalece. Si saliesen a la primera todos los objetivos propuestos, no se asumiría la necesaria constancia que tanto bien hace a las personas, sacándolas de una infancia inmadura… la perseverancia procede de una fuerte voluntad…". "Un fiasco no debería ser motivo de desánimo, sino un aliento para que en la próxima ocasión fuese correctamente aprovechada". Se vincula tanto con la aceptación de la realidad y de la adversidad y los contratiempos como parte de ella como con la necesaria mejora permanente para hacerles frente en las mejores condiciones posibles. Todo ello se asocia a la primera y segunda competencias del modelo directivo estoico.

- Por lo que se refiere al segundo de los trabajos que demuestran la idoneidad de la *dirección estoica* en los tiempos volátiles y de indeterminación en que vivimos, hay que subrayar que, si *La gestión de lo imperfecto* se gesta en el contexto de la perplejidad producida por el ataque y destrucción del World Trade Center el 11 de septiembre de 2001, *Future Shaper,* de Niamh O'Keeffe, se elabora y publica en un escenario no menos inquietante y distópico, el de la crisis sanitaria mundial provocada por el COVID-19.

La autora, en primer lugar, llama la atención sobre el hecho de que estamos viviendo en el marco de la "cuarta revolución industrial" en la que avances científicos y tecnológicos de un indudable potencial disruptivo están transformando sustancialmente las industrias, desdibujando las fronteras entre Estados y economías, desafiando los marcos regulatorios existentes e incluso redefiniendo lo que significa ser humano.

Tecnologías emergentes como la inteligencia artificial, los avances en *blockchain*, el desarrollo y uso de los drones o la medicina de precisión están cambiando nuestras vidas, nuestras sociedades y el mundo de los negocios, a la vez que plantean nuevos retos y nuevos problemas éticos.

A continuación, O'Keeffe menciona algunos factores que condicionan la sociedad tecnológica y global en la que vivimos tales como: el desarrollo de una economía global, el cambio climático, el fenómeno de la corrupción, el terrorismo, las migraciones masivas o el avance de los populismos y profundiza, particularmente, en determinados aspectos que inciden más en el ejercicio del liderazgo. Entre ellos, se encuentran los siguientes:

— Los cambios en los diferentes sectores económicos y los modelos de negocio como consecuencia de una innovación constante.
— La emergencia de la inteligencia artificial que tiene, entre otros efectos, la introducción de no pocas novedades en la forma organizar la fuerza de trabajo.
— La ingente cantidad de información[98] que, paradójicamente, hace más difícil su manejo y la toma de decisiones.
— El impacto de la digitalización y de las tecnologías que obligan a un constante ejercicio de puesta al día y actualización.

---

[98] Innerarity, Brey y Mayos, en su ensayo, *"La sociedad de la ignorancia"* se refieren a la "infoxicación", un concepto que alude a un volumen tal de información disponible que hace imposible su asimilación y dificulta la posibilidad de contar, por saturación, con una visión sistémica e interpretativa de la realidad. También en el mismo sentido, Yuval Noah Harari, ha insistido en la necesidad de que, en el mundo actual y en especial en la escuela, se preste atención al desarrollo de la capacidad para dar sentido al ingente volumen de información de que disponemos, de manera que seamos capaces de distinguir qué es lo importante y, sobre todo, que tengamos una perspectiva de conjunto de la realidad.

— Los retos derivados de la necesidad de satisfacer las expectativas de los *millennials*[99] que demandan un estilo de dirección basado en la confianza y el empoderamiento y un trabajo gratificante y con sentido que haga, además, compatible la vida personal y la vida profesional.

— La acelerada agenda en materia de sostenibilidad y la preocupación por el medio ambiente global.

— La necesidad de mantener un equilibrio entre los resultados económicos de la organización y el impacto de su actividad en la comunidad y el planeta. *(Profit vs. Benefit)*.

Para afrontar todas esas dificultades y antes de detallar las características del modelo *Future Shaper,* O'Keeffe adelanta algunas recomendaciones que, sin el menor género de duda, pueden ser calificadas como estoicas y que, al objeto de facilitar y mejorar la toma de decisiones, consideran preciso:

— Ampliar la visión del ecosistema de nuestra organización, contemplándolo desde una perspectiva mucho más amplia.

— Fortalecer nuestro carácter.

— Actuar desde la reflexión y la prudencia y mantenernos centrados.

---

[99] Responden, en gran medida, a las características de los trabajadores altamente cualificados de la sociedad del conocimiento ("trabajadores del conocimiento") identificados por Drucker.

- Basar nuestras decisiones en juicios fiables.
- Considerar el impacto de la actividad de nuestra organización en la comunidad.
- Tener una correcta percepción del entorno (ubicados)[100] y asegurar nuestra adaptabilidad como elemento clave de la supervivencia de la organización.

En definitiva, el contexto descrito exige la definición de una "nueva inteligencia de liderazgo", la del *Future Shaper*. ("Moldeador o creador de futuro") que, básicamente, haga posible:

- Desarrollar nuestra capacidad para contar con esa perspectiva amplia y global de nuestro entorno a la que se ha aludido y en la que insiste la autora.
- Dejar de estar asustados por lo desconocido y por los acontecimientos imprevistos.
- Ser conscientes de que tenemos la posibilidad de definir nuestro futuro.
- Trabajar y cultivarnos, desarrollando una serie de rasgos que nos van a facilitar el desempeño y puesta en práctica de un liderazgo diferente.

Los rasgos que caracterizan este paradigma de liderazgo son los que se incluyen en los dos acrónimos[101] que le dan nombre

---

[100] *Grounded*: con los pies en la tierra y conectados con nuestra realidad.

[101] Sigue O'Keeffe una larga tradición de los autores del management anglosajón que, habitualmente, utilizan el recurso mnemotécnico de los acrónimos para la definición de modelos o paradigmas de gestión. V.gr. el famoso

(*"FUTURE SHAPER"*) que se detallan seguidamente y que, como se explica, coinciden casi completamente con los que definen el modelo de "dirección estoica".

Los rasgos del *"Moldeador o Creador de futuro"* ("Future shaper")

Primer acrónimo: FUTURE:

- *Fearless* (Seguro): no tiene miedo, se enfrenta a los acontecimientos sin dejarse llevar por las emociones y actúa, en cualquier caso. (El directivo estoico, como resultado de un trabajo muy exigente sobre sí mismo y un adecuado conocimiento de su entorno, se siente seguro, no se deja llevar por las apariencias y confía en sus posibilidades, primando la acción con orden y reflexión: *facta, non dicta*).
- *Unconventional* (Indepentiente/con criterio): no se somete a lo establecido y lo cuestiona a fin de crear soluciones originales e innovadoras desde un criterio propio y una manera distinta de hacer frente a los problemas y situaciones[102]. (El directivo estoico cuenta también con un criterio propio que le aleja de las pasiones y de las opiniones gracias a su buen uso de la razón y de su sentido crítico.)

POSDCORB *(Planning, Organizing, Staffing, Directing, Co-Ordinating, Reporting and Budgeting)* de Luther Gulick.

[102] En inglés, se utiliza la expresión *thinking out of the box*. Pensar de una manera diferente y al margen de las convenciones y corrientes mayoritarias *(mainstream)*.

- *Tenacious* (Tenaz): no se rinde, es constante y se mantiene al servicio de su propósito, su visión, su equipo y la consecución de resultados. (El directivo estoico es perseverante en el trabajo y la "lucha" por mejorar. Como nos recuerda Séneca: se debe "perseverar y aumentar tu fortaleza con un trabajo asiduo, hasta que tu espíritu esté en buenas condiciones porque tu voluntad es buena".)

- *Unifying* (Integrador): tiene la capacidad de unir al equipo y motivarles en la consecución de un objetivo común. (El directivo estoico sabe motivar, ilusionar atraer voluntades y generar "unidad", es decir, identificar a sus colaboradores con un propósito compartido por todos.)

- *Resilient* (Resiliente): se recupera con facilidad tras las adversidades y contratiempos. (El directivo estoico asume su destino y los problemas inesperados que puedan producirse. Como hemos visto, según Séneca: "… quien ha sufrido continuas contrariedades, los obstáculos le curten y no se rinde a los infortunios…".)

- *Empathetic* (Empático): es hábil relacionándose con los demás y tiene la capacidad e inteligencia emocional para ponerse en su lugar y compartir sus sentimientos. (El directivo estoico mantiene una actitud que, propia de la *humanitas* en su aspecto interpersonal, es: relacional, comunicativa, empática, de servicio y generadora de confianza.)

Segundo acrónimo: SHAPER.

- *Super-adaptable* (Adaptativo): tiene la capacidad de adaptarse a su entorno y reaccionar a los cambios que se producen. (El directivo estoico está perfectamente ubicado en la realidad que le rodea de la que es consciente que es una parte. La conoce, acepta y se adapta a ella, encajando, como ya se hadicho cualquier contratiempo.)

- *Hard-working* (Trabajador): es un trabajador nato cuya tarea empieza por él mismo, apoyándose en un comportamiento ético, la autodisciplina y el autocontrol, la atención, la reflexión y la asunción de sus responsabilidades. (El directivo estoico, como el *future shaper,* se encuentra en un proceso de mejora permanente de conocimientos, destrezas, actitudes y aptitudes. Dicho proceso se basa en el autoconocimiento y en el autogobierno que son la base para el gobierno de los demás y el ejercicio de un liderazgo maduro y de servicio.)

- *Authentic* (Auténtico): se muestra tal como es, se guía por valores y es, fundamentalmente, consecuente con ellos. (El directivo estoico se guía por la virtud y trabaja sobre una "ética del carácter", sobre sus valores y principios con los que es consecuente, generando una autoridad moral ejemplarizante y motivadora.)

- *Proactive* (Proactivo): es consciente de un entorno que conoce perfectamente y no se limita a adaptarse a los acontecimientos, sino que pretende adelantarse a ellos, moldeando la realidad y construyendo su propio futuro[103]. (El directivo estoico también conoce con precisión el contexto en el que se desenvuelve y las leyes que rigen el funcionamiento del mundo. De esta circunstancia, como

---

[103] En la misma línea de Drucker, Covey o Collins y Porras y sus "empresas visionarias", empresas que no se limitan a reaccionar ante los acontecimientos o a adaptarse a un determinado contexto, sino que pretenden adelantarse a ellos, definiendo cuál va a ser el escenario y creando su propio futuro.

se ha dicho, saca el máximo partido haciendo frente los acontecimientos en las mejores condiciones, a la vez que procura, en lo posible, anticiparse a ellos.)

- *Energizing* (Ilusionante): es capaz de transmitir su energía, su seguridad y su fuerza y de ilusionar y estimular a quienes le rodean. (El directivo estoico con su empatía, conocimiento y autoridad moral no tiene dificultad para atraer voluntades y motivar a quienes le rodean.)

- *Resourceful* (Ocurrente y con recursos): es imaginativo y creativo y se le da bien idear nuevas respuestas para los problemas y retos a los que hay que dar respuesta. (El directivo estoico cuenta con su preparación, el buen uso de la razón y la reflexión y un sentido crítico que le dotan de la capacidad necesaria para ofrecer soluciones originales y novedosas a los problemas que se le planteen.)

La estrecha vinculación entre los consejos de dos voces cualificadas y autorizadas del mundo del management como la de Fernández Aguado y O'Keeffe con las de los autores de la *Stoa romana* (una *sabiduría estoica* que, como vemos, no sólo está alineada con la *sabiduría directiva* del management clásico) viene a confirmar también en este caso, la indudable oportunidad de la "dirección estoica" en este tiempo de indefinición y nos permite, en consecuencia, reiterar que las propuestas que sirvieron para afrontar la crisis de la "Roma estoica" pueden ser igualmente útiles en el ámbito de la dirección y gestión de organizaciones, en una crisis como la actual con la que comparte, como hemos visto, no pocos de sus rasgos definitorios que son los responsables de esa sensación de inseguridad y miedo que se ha impuesto en la sociedad relacional, tecnológica y global de nuestro tiempo.

5. *QUINTA RAZÓN. La coincidencia de la "dirección estoica" con las recomendaciones para generalizar un nuevo modelo de "management humanista"*

En la actualidad, es innegable el destacado papel que corresponde a los directivos por ser responsables de la dirección de las organizaciones públicas y privadas y, en consecuencia, por el liderazgo que, como tales, ejercen.

Efectivamente, el hecho de que el directivo desempeñe un rol decisivo en nuestro tiempo ha sido puesto de manifiesto, tanto desde dentro como desde fuera del mundo del management.

Desde fuera de ese ámbito: autores como Alasdair MacIntyre o Victoria Camps ven en el gerente una figura dominante de la esfera contemporánea, una pieza prioritaria del funcionamiento social que constituye un atractivo modelo a seguir en las sociedades urbanas en las que habitamos.

Desde dentro del mundo de la dirección y gestión de organizaciones: Thomas J. Peters y Robert H. Waterman, afirman en una interpretación próxima a la de Drucker, que el ejecutivo o directivo es el paradigma del profesional de éxito de nuestro tiempo y a él le compete velar por la eficacia y la competitividad de cada economía en un contexto abierto y de concurrencia global.

Henry Mintzberg cree que el directivo se ha convertido en el "héroe" popular de la sociedad contemporánea americana. A su juicio y desde una concepción próxima también a las citadas: "No hay trabajo más vital para nuestra sociedad que el de directivo. Es él quien determina si nuestras instituciones sociales nos sirven bien, o si no hacen más que despilfarrar nuestros talentos y recursos".

Peter F. Drucker no ha dudado en considerar a la gerencia y a los gerentes como una institución esencial, distinta y prominente a la que compete hacer productivos los recursos, garantizar el progreso económico organizado y, en definitiva, el bienestar del conjunto de la sociedad.

Por este motivo, por su rol central en la sociedad actual y por tratarse de figuras clave en cualquier organización, debe preocuparnos, muy especialmente, cuál es la influencia que ejerce sobre ellos tanto un entorno en gran medida deshumanizado, individualista, narcisista, relativista y en el que cada uno tiende a centrarse exclusivamente en sus propios intereses, desentendiéndose del bien común como las alteraciones del ejercicio de la función directiva provocadas por lo que se ha denominado la "desviación del sueño ilustrado"[104] que describen Adorno y Horkheimer en su obra *Dialéctica de la Ilustración*.

Según ambos autores, la razón ilustrada se ha convertido en "razón instrumental" y en ideología legitimadora del sistema social y económico, haciendo que el proyecto inicial de liberación del hombre se haya vuelto contra él.

La razón ha acabado sometiendo al hombre como lo ha hecho con la naturaleza. El resultado es su instrumentalización, su cosificación y alienación con la consiguiente pérdida de sentido y de libertad.

El impacto que esta desviación ha tenido en el ámbito directivo una doble manifestación; la de la perspectiva individual y la de la social o colectiva.

---

[104] Un "sueño" que venía a liberar al hombre, por medio de la razón, de las ataduras impuestas por la naturaleza, la trascendencia y la tradición.

En el ámbito individual, esas disfunciones se refieren a:

- *La falta de sentido, reflexión y autoconciencia*. El directivo pade-ce, igualmente, la desorientación e insatisfacción general agravada por la "enfermedad de los managers" (Frankl), un acelerado ritmo de vida, impulsado por su voluntad de poder.
- *La falta de visión de conjunto*. Se impone, en el trabajo de los directivos, un conocimiento pragmático y especializado.
- *La falta de auténticos valores*. Sucumben ante el afán de pro-tagonismo y progreso individual. Se impone una "ética de la personalidad" que cultiva las formas y la imagen frente a una "ética del carácter".
- *La cosificación de las personas*. El directivo corre el riesgo de manejar a las personas como maneja las cosas o los núme-ros, o sea, como un recurso más.

En el ámbito colectivo:

- *Una falta de vocación de servicio y una desvinculación de los in-tereses de la comunidad*. El directivo actual está demasiado preocupado por el éxito y por el triunfo personal y prima la voluntad de poder sobre la de sentido.
- *Una percepción del directivo como colaborador necesario de los meca-nismos de control del individuo desde el poder*. El directivo sería la figura central en el ámbito laboral (la cárcel, la escuela, el hospital, *la fábrica*) uno de los ámbitos más relevantes de la denominada "sociedad disciplinaria" o de "control".
- *Una errónea interpretación del concepto de eficacia* que, basada en la especial cualificación, se considera moralmente neutral. Se obvia así que, por muy justificada técnicamente que

pueda considerarse una iniciativa, los directivos han de asumir las consecuencias de sus decisiones y, por encima de todo, sus obligaciones con la comunidad y el interés general.

Es evidente que la situación descrita exige la definición y puesta en marcha urgente de un nuevo modelo de management que venga a dar respuesta a todas las carencias y mixtificación del ejercicio de la función directiva en la actualidad.

A este respecto, se han realizado diferentes propuestas:

- Michel Crozier llamaba la atención, a finales de los años 70 del siglo XX[105], sobre un hecho crucial: el de la necesidad de que las nuevas organizaciones del que denominaba ya entonces "contexto relacional" fueran capaces de romper la dinámica de deshumanización que se había impuesto y se centraran en las personas, porque, en definitiva, el management es, esencialmente, una actividad de relaciones humanas.

    Procedía, a su juicio, realizar una decidida apuesta por la potenciación de las capacidades de las personas y desarrollar un nuevo tipo de management caracterizado por un nuevo modo de pensar colaborativo y participativo y basado en el conocimiento, el emprendimiento y la innovación, una innovación, no sólo en el ámbito tecnológico, sino también en el de las personas porque: "la revolución de los nuevos servicios no tiene posibilidad de cumplirse satisfactoriamente y de relevar el agotamiento de nuestro

---

[105] *Vid.* Crozier, M. (1984): *No se cambia la sociedad por decreto*, Madrid, INAP.

viejo modelo de desarrollo si no resulta humanamente enriquecedora, a la vez que prácticamente rentable".

En relación con todo ello, Crozier hacía suya la cita de un clásico, Juan Bodino, cuando afirma con contundencia que: "No hay mayor riqueza que las personas".

- Carles Ramió, en igual sentido y como veremos más adelante cuando se aborde la coincidencia de los planteamientos de la *dirección estoica* con las últimas aportaciones bibliográficas en materia de management, reivindica, igualmente, la necesidad de que se atienda prioritariamente a las personas: "Tendríamos que centrarnos más en el elemento subjetivo del sistema (las personas) y no tanto en el elemento objetivo (el diseño organizativo)[106]".

- Por su parte, Peter Drucker, desde su indiscutible autoridad en la materia, hace especial énfasis en el hecho de que: "El management es expresión de la creencia en la posibilidad de tener control sobre la subsistencia del hombre mediante la organización sistemática de los recursos económicos. Es expresión de la creencia de que la mutación en lo económico puede convertirse en la máquina más poderosa para propulsar el progreso humano y la justicia social".

Para Drucker, el management es *un conjunto de muy pocos principios esenciales*[107] que, como puede constatarse fácil-

---

[106] *Vid.* Ramió, Carles (2017): *La Administración Pública del futuro. Horizonte 2050. Instituciones, política, mercado y sociedad de la innovación.* Madrid, Tecnos. Página 110.

[107] *Vid.* Drucker, Peter. F (2003): *Drucker esencial,* Barcelona, Edhasa. Página 300 y siguientes.

mente, coinciden con los rasgos básicos del paradigma de dirección estoica detallados en el apartado anterior:

— En primer lugar, *el management está indudablemente informado por el humanismo, se refiere al hombre.* Su misión prioritaria es hacer a la gente mejor, más capaz individual y colectivamente. (Una *visión humanista* y basada en las humanidades que sitúa a la persona y su facultad distintiva, la razón, en el centro de todo, tal y como también ocurre en el modelo de dirección estoica.)

— El management no es especialidad, sino totalidad, implica una visión de conjunto, tanto del contexto como de la organización. (La *concepción estratégica de la realidad* en la primera competencia del paradigma estoico que está relacionada con el monismo estoico que es sistema, conjunto, interrelación con el todo).

— El management debe ser capaz de desarrollar a las personas y a la organización, haciendo de ella una institución de *aprendizaje* y enseñanza. Los gerentes del futuro deberán asumir el aprendizaje *(longlife learning)* y la autoevaluación como una tarea constante para toda su vida. (El *aprendizaje* y *perfeccionamiento permanente* de la segunda competencia del modelo estoico.)

— El management debe integrar a las personas en un *proyecto común* con objetivos y valores compartidos, con una visión de la organización suficientemente clara, ambiciosa y atractiva. (La generación de "unidad" *y la convergencia de objetivos e intereses* de la organización con la de sus miembros en el modelo de dirección estoico.)

— El management debe construirse sobre la comunicación y la responsabilidad individual, sobre la confianza y no sobre el control. (*Participación, delegación y facultamiento* de la tercera competencia de dirección estoica.)

— El management ha de ser consciente de que lo más importante es que los resultados de toda organización se dan hacia el exterior y que, en consecuencia, lo que les da sentido es su función social. (La orientación a resultados y el impacto en la comunidad de la cuarta competencia del paradigma de dirección estoico.)

La relevancia que ha cobrado la figura del directivo, a juicio de Drucker, está estrechamente unida a la que ha adquirido el management como institución clave que, en menos de 150 años, ha cambiado radicalmente la estructura social y económica de los países desarrollados del mundo.

Concluye, además, Drucker de una manera que acerca, más si cabe, su concepción del management al modelo de dirección estoica que se propone cuando afirma que: "El Management es, en definitiva, lo que tradicionalmente suele llamarse arte liberal porque se refiere a los fundamentos del saber, conocimiento de uno mismo, prudencia y liderazgo; arte porque es práctica y aplicación. Los managers aprovechan todos los conocimientos y hallazgos de las Humanidades y de las Ciencias Sociales, de la psicología y de la filosofía, de la economía y de la historia, de las ciencias físicas y de la ética, pero orientan este saber hacia la eficiencia, hacia la eficacia y los logros... por estas razones el Management será cada vez más la disciplina y la práctica a partir de la cual las Humanidades[108] adquirirán de nuevo reconocimiento influencia y relevancia".

- Rafael Andreu y Josep M. Rosanas consideran también que el management es uno de los fenómenos más importantes del mundo actual porque, al desarrollarse como teoría, es aplicable a la totalidad de las organizaciones y, en consecuencia: "nos afecta a todos porque cualquiera de nosotros pertenece, lo quiera o no, a varias organizaciones que acaban jugando un papel importante en nuestra vida".

Así, el management repercute en aspectos tan relevantes para el desarrollo de nuestro proyecto vital como: la creación de valor económico, el bienestar y el desarrollo profesional y personal o la definición de modelos sociales y de valores que se aceptan con carácter general y que suponen el establecimiento de determinadas maneras de vivir.

El modelo de dirección estoica coincide totalmente con una iniciativa impulsada por los autores citados, Andreu y Rosanas, que está alineada no sólo con la concepción humanista señalada por Drucker, sino también con el "reseteo global" y por la humanización al que, como se verá más adelante, se refiere el Foro económico Mundial (WEF). La oportunidad y vigencia de esta iniciativa son plenas, aunque

---

[108] *Vid.* Notas 49 y 62 sobre lo que se entiende por "humanidades" y "cultura general" como herramientas que nos facilitan los puntos de referencia y la perspectiva necesarios para desenvolvernos en el mundo y hacer posible un proyecto de vida. Igualmente, ambas son piezas clave de lo que se entiende por "educación liberal", un tipo de educación que defiende una visión integral del conocimiento y se opone a una formación especializada utilitarista.

tuviera lugar hace ya algunos años (2011). Se trata del *Manifiesto para un Management Mejor. Una visión racional y humanista.*

En dicho documento, *se denuncia la práctica de un tipo de management que se define por el beneficio y el economicismo, por la ausencia de sentido en el trabajo*, la alienación de las personas y su concepción instrumental, por la primacía del interés propio en detrimento del interés general, por la ausencia de consideraciones de carácter ético y por la falta de una visión de conjunto de los problemas y por la generalización de un "empirismo ingenuo" basado en modelos y explicaciones excesivamente simplificados.

Frente a todo ello, el *Manifiesto* apuesta por las personas, su implicación, su motivación y el máximo desarrollo de sus capacidades, la solidez moral y la definición de un sistema compartido de valores, la extensión de un management comprometido (con la comunidad de la organización y con la comunidad en general de la que aquella forma parte "con sentido de misión más allá del objetivo inmediato y necesario de generar resultados económicos") que exija profesionalidad y mejora constante a todos los miembros de la organización (especialmente a los directivos) y, finalmente, la asunción por los managers o directivos de su responsabilidad y de una actitud proactiva que haga a las organizaciones dueñas de su destino.

- Xavier Marcet y Javier García insisten, igualmente en su reciente libro *Management humanista. La estrategia son las personas*[109] en que es perentorio que se abra paso un nuevo

---

[109] Marcet, Xavier y García Javier (2023): *Management humanista. La estrategia son las personas,* Barcelona, Plataforma editorial.

management que suponga una síntesis entre la competitividad de las empresas y la dignidad de las personas, toda vez que estas son el principal activo diferencial de cada organización.

Se trata de un management que cuida, a la vez, a los trabajadores, a los clientes, a los accionistas y a la comunidad en su conjunto, creando valor social. En su opinión y muy en la línea, como veremos más adelante, de las propuestas del *capitalismo consciente*, el *management humanista* trabaja para la sostenibilidad de las empresas, para que sus comunidades y el planeta pervivan, estableciendo una suerte de pacto intergeneracional del que todos salgan beneficiados.

El management que nos proponen Marcet y García se define por los siguientes rasgos:

- Se prima a la persona y se pretende aprovechar el máximo su potencial, favoreciendo la participación y el empoderamiento en un espacio de libertad y confianza que permita un despliegue más creativo, autónomo y responsable de las capacidades de todos los miembros de la organización.
- Se opta por la suma de inteligencias: la humana y la artificial. (Como veremos en el apartado 9 relativo al líder del futuro, Jacob Morgan insiste también en este aspecto que denomina como: *HumanIT*).
- Se apuesta por el crecimiento personal mediante el aprendizaje, la autorrealización y el refuerzo de la motivación intrínseca, insistiendo en este punto en las aportaciones de Senge y Drucker (en el contexto de los *"trabajadores del conocimiento"*).

- Se prioriza la inteligencia y la confianza frente al control un rasgo más propio del *management populista* de viejo cuño.
- Se caracteriza, por la humildad, la empatía, el respeto hacia los demás y el reconocimiento del valor de la diversidad. (En este punto, converge con el *liderazgo servicial* que se analiza en el apartado 7 y con La actitud 4 del líder del futuro de Morgan, el "Ciudadano Global", que tiene *una visión sistémica y cosmopolita* que valora la diversidad.)
- Se piensa en términos de "legado" (una idea fundamental de la *dirección estoica* en la que se ha insistido desde el principio de este trabajo) porque pensar en términos de legado es tener la capacidad de valorar la herencia de quienes nos precedieron y trabajar con honestidad y todo el esfuerzo del que seamos capaces para crear un futuro mejor a quienes nos sucedan.

En definitiva, este nuevo modelo de "management humanista", como el inspirado en la filosofía estoica, tiene por objeto hacer de la persona el centro del modelo[110] y afrontar la desna-

---

[110] Sobre esta cuestión, *Vid.*: Heucamp, Franz: "Horizonte 2050. El futuro del management. Más rápido, inteligente y humanista", *Harvard Deusto Business Review*. Número 350, diciembre de 2024. Según el autor: "Más allá de las metas comerciales y las innovaciones tecnológicas, las empresas que prosperarán en los próximos años serán aquellas que reconozcan la humanidad compartida de todos sus integrantes que fomenten la dignidad y el respeto y que sean en un vehículo de esperanza y justicia para las personas. En un mundo cada vez más complejo, aquellas organizaciones que se comprometan a

turalización del paradigma directivo y las consecuencias de esa "desviación del sueño ilustrado" a las que nos hemos referido.

Efectivamente, la mejor calificación posible del "paradigma de dirección estoica" que se reivindica es la de humanista, no en vano, el concepto de *humanitas* es uno de los conceptos centrales de filosofía de la *Stoa*, vinculado, como se ha indicado, con el tema estoico del cosmopolitismo y su triple dimensión; la individual, la interpersonal y la global o universal.

6. SEXTA RAZÓN. La convergencia con las previsiones del Foro Económico Mundial para los "trabajos del futuro"

En las últimas ediciones de su informe sobre "Los trabajos del futuro"[111], el Foro Económico Mundial, subraya la necesidad de un enfoque general humanista y centrado en las personas para reorientar el rumbo de la comunidad mundializada en la que vivimos. Considera imprescindible proceder a un "Reajuste o reseteo Global" *("Global Reset")* que nos conduzca a un sistema socioeconómico más justo, sostenible y equitativo en el que la prosperidad económica sea compatible con un planeta que goce de buena salud.

---

liderar con humanidad serán las que dejen una huella duradera y positiva tanto en la sociedad como en el mercado".

[111] Y también en sus posteriores "Informes sobre el futuro del empleo" cuya última edición corresponde a 2025.

Los informes proporcionan una visión general de la creciente e imparable *relevancia de las nuevas tecnologías*[112] en el ámbito laboral, de los nuevos trabajos y competencias y su indudable potencial disruptivo, así como de los *inevitables procesos y estrategias que, a gran escala, deberán acometerse para la recualificación de la fuerza laboral* de todas aquellas empresas y organizaciones que quieran estar en las mejores condiciones para hacer frente a los retos del futuro.

A juicio del citado organismo, *el elemento clave para lograr este objetivo es el más preciado de los activos de cualquier sociedad u organización: su "capital humano",* las personas que las constituyen. Urge, en consecuencia, adoptar las medidas precisas y destinar los medios necesarios que hagan posible *estimular su formación y desarrollar su cualificación y competencias*[113] *como palanca fundamental del éxito*

---

[112] En el "Informe sobre el futuro del empleo 2025" del Foro Económico Mundial, publicado en enero de 2025, dicho organismo considera que la ampliación del acceso digital será la tendencia más transformadora para las empresas y el empleo (el 60% de los empleadores esperan que transforme sus negocios para 2030). También se espera que los avances, en particular, en la inteligencia artificial y el procesamiento de la información (86%); la robótica y la automatización (58%) o la generación, el almacenamiento y la distribución de energía (41%), serán ámbitos igualmente transformadores.

[113] El ámbito laboral vive un momento crítico como consecuencia de la creciente e imparable relevancia de las nuevas tecnologías, de las nuevas competencias requeridas, de las nuevas formas de trabajo que, como el trabajo a distancia o las plataformas digitales, tienen un creciente protagonismo y exigen un esfuerzo de análisis y regulación que asegure su adecuado funcionamiento. El indudable potencial de transformación de todo ello exigirá la puesta en marcha de un ambicioso proceso para la recualificación de la fuerza laboral de todas aquellas empresas y organizaciones que quieran estar en las mejores condiciones para hacer frente a los retos del futuro.

En ese escenario, cobran singular importancia las iniciativas de *upskilling* (actualización de competencias y destrezas) y *reskilling* (adquisición de nuevas

económico, del bienestar y la realización individual y, a la vez, de la lucha contra la desigualdad.

Competencias del modelo de dirección estoica y competencias del trabajo del futuro según el Foro Económico Mundial

El Foro Económico Mundial destaca una serie de *competencias emergentes (emerging skills)* que marcarán de manera decisiva las necesidades del mercado de trabajo *en los próximos años*. Además de las relacionadas con las nuevas tecnologías, serán esenciales destrezas o *habilidades de carácter multifuncional o transversal que coinciden con las competencias centrales del paradigma de dirección estoica.*

---

destrezas), siendo especialmente relevantes las de los directivos por ser cualificados trabajadores del conocimiento que ocupan el más alto nivel de responsabilidad en las organizaciones.

En relación con ello, *Vid.:* Díaz, Jordi: "Horizonte 2050. El futuro del management. Luces largas hacia el futuro del Management", *Harvard Deusto Business Review.* Número 350, diciembre de 2024. El autor insiste en la necesidad del reciclaje continuo y el *reskilling* como elemento esencial para cualquier profesional. En su opinión: "El futuro del Management estará marcado por cambios radicales, pero también por la continuidad de ciertos principios esenciales: la sostenibilidad, la tecnología, el aprendizaje continuo serán los pilares sobre los que se asienten las organizaciones de la mañana".

Vid también el artículo del "Foro Económico Mundial": "Cómo los mercados laborales mundiales pueden repetir el éxito de 2023 en 2024."

https://es.weforum.org/stories/2024/01/como-los-mercados-laborales-mundiales-pueden-repetir-el-exito-de-2023-en-2024/

Entre los grupos de competencias que, según el Foro Económico Mundial, se demandan con mayor intensidad, actualmente, deben destacarse las siguientes:

- *Critical thinking.* El pensamiento crítico es la capacidad para pensar racionalmente y con claridad, para descubrir la conexión lógica entre los diferentes elementos que configuran nuestro entorno o circunstancia, para no dejarse confundir por las apariencias que enmascaran la realidad y para plantearse preguntas y *cuestionarse los hechos sin asumirlos ni darlos nunca por válidos sin una reflexión y un análisis previos.*

  El *critical thinking,* en definitiva, no es otra cosa que *la capacidad de cuestionarse lo dado* y supone una reivindicación y defensa de la que los estoicos consideraban la facultad humana por excelencia, la razón.

  La razón impone una peculiar estructura o mecánica mental (*compositio mentis,* según Séneca) e interviene siempre en la valoración de los datos e información que nos llegan desde el exterior, permitiéndonos la toma de las decisiones más adecuadas en cada momento.

  Además, el *critical thinking* supone una recuperación de lo que, Alan Bloom[114], denominaba "la contemplación

---

[114] Bloom considera que es más que nunca necesaria la "contemplación de Sócrates" por su método basado en el diálogo y en el sincero conocimiento mutuo y la reflexión compartida, por su capacidad de hacer preguntas y cuestionar lo comúnmente aceptado y, en definitiva, porque es la garantía para poner a salvo el sentido crítico de los hombres y, con él, la libertad y la democracia. *Vid.* Bloom, A. (1989): *El cierre de la mente moderna,* Barcelona, Plaza y Janés. Página 323.

de Sócrates" que se encuentra en los orígenes del estoicismo y, no por casualidad, de la educación liberal[115] anglosajona y se basa, igualmente, en la reflexión, la práctica del diálogo y el cuestionamiento y análisis de cuanto nos rodea mediante el planteamiento de las preguntas adecuadas. (El método del elenco *socrático*).

Por otra parte, la *contemplación de Sócrates* hace posible la autonomía de nuestro pensamiento, nos dota de una opinión o criterio personal respecto del mundo en el que vivimos, haciendo de nosotros ciudadanos y profesionales libres y responsables.

Más recientemente y en esa misma línea, Adam Grant en su libro *Piénsalo otra vez: el poder de saber lo que no sabes* ha llamado la atención sobre el valor de la duda y la necesidad de repensar, de reflexionar y de plantearnos preguntas que cuestionen nuestras certezas y las convicciones que nos impiden ver las cosas de otra manera aislándonos en nuestra particular perspectiva de la realidad.

En un sentido semejante al de Grant, Eli Pariser, en su libro *El filtro burbuja,* nos advierte del peligro de que restrinjamos nuestra visión de la realidad y del mundo a nuestros gustos, opiniones y preferencias como conse-

---

[115] Torralba, en *Una educación liberal*, considera entre los rasgos básicos de este tipo de educación: su concepción de las humanidades como cultura general en el sentido orteguiano (el sistema de ideas clave para interpretar el mundo en el que se vive), su gusto por el conocimiento como un objetivo en sí mismo, su reivindicación de un conocimiento total o unitario, su inquietud y curiosidad por las grandes preguntas, su preocupación por la formación ética y del carácter, su priorización de las personas y su interés por la lectura de los clásicos. *Vid.* también notas 49, 62 y 110.

cuencia de un contexto tecnológico, más concretamente, como consecuencia de los filtros personalizados que activamos con cada "click", es decir, con cada opción realizada en la red (lo que leemos, lo que compramos, lo que consultamos...) desde los diferentes dispositivos que manejamos. Se limita así progresivamente nuestra percepción del mundo y del entorno en que nos movemos. Son los algoritmos de una página web los que, en función de la información que nosotros mismos hemos facilitado, básicamente nuestro historial de búsquedas, nos reconducen hacia una información que viene a coincidir con nuestros puntos de vista.

Nos alejamos, de esta manera, de otras opiniones, de otras perspectivas de la realidad y nos encerramos en nuestra "burbuja", la de un mundo a nuestro gusto y a nuestra medida cada vez menos permeable y abierto a los demás.

El critical thinking *está relacionado con las dos primeras competencias del paradigma de dirección estoica*: pensar en términos estratégicos y aprender y perfeccionarse (siempre mediante la reflexión y la razón).

• *Self management*. El *self management* o "gestión de uno mismo" tiene como divisa fundamental la de que: "para gobernar o dirigir a otros es preciso, previamente, ser capaces de gobernarnos a nosotros mismos". Lleva, en consecuencia, aparejado un alto grado de autoexigencia, de autoconocimiento y de autocontrol que implica un proceso continuo de mejora personal que nos obliga a ser coherentes con nuestros principios y valores como guías de nuestra conducta. Sólo obteniendo lo mejor de nosotros mismos, mediante este trabajo cotidiano centrado en la mejora propia, podremos obtener lo mejor de los demás, motivarles e influir sobre ellos ejerciendo un liderazgo efectivo.

Precisamente, la filosofía estoica nos invita a un constante diálogo interior que nos permita alcanzar la virtud en armonía, como hemos visto, con la razón que es la ley natural universal. La vida interior es una pieza clave para la consecución de dicho fin y se entiende como algo dinámico, como meditación y reflexión en progreso, como un permanente "tender hacia" y no, como algo estático, como un equilibrio ya alcanzado. Los estoicos consideran la virtud, al igual que Aristóteles, como un hábito, como el trabajo de toda una vida. Para el gran filósofo griego: "Toda virtud es un hábito acompañado de razón".

El estoicismo reivindica el "cuidado de sí" (como se ha visto, lo recupera Foucault para la filosofía contemporánea) cuyo eje es una preocupación constante por mejorar, aplicando, un conjunto de técnicas[116] muy determinadas que facilitan ese perfeccionamiento y que permiten a la persona alcanzar la serenidad, la estabilidad, la apatía estoica que nos ayuda a afrontar el devenir de los acontecimientos de la vida en las mejores condiciones posibles.

La *cura sui* estoica o "cuidado de sí" haría posible una de las competencias que el Foro Económico Mundial integra *dentro del grupo del* self management, *la resiliencia* (resilience, stress tolerance and flexibility), *un concepto de moda que, en mi opinión es profundamente estoico,* y que se refiere, según la definición de Enrique Rojas, a: "la capa-

---

[116] *Vid.* nota 50 y la concepción de filosofía estoica como caja de herramientas que ofrece soluciones prácticas.

cidad para superar las dificultades y los reveses de la vida sin quedarse atrapados en el sufrimiento y el dolor".

Las *personas resilientes* son, a partes iguales, resistentes y flexibles, una combinación que les permite encarar las circunstancias más difíciles, *adaptándose a la situación y asumiéndola de una manera realista,* una disposición que supone un buen punto de partida para superarla.

También como competencia integrada dentro del self management, el informe del Foro Económico Mundial hace especial énfasis en el *active learning* que puede interpretarse en un doble sentido. En primer lugar, supone *un aprendizaje activo o participativo* en el que el alumno no es un mero sujeto pasivo que se limita a recibir conocimientos, sino que es parte activa de un método basado en el diálogo y el intercambio y puesta en común de opiniones y conocimientos, un método propio de socráticos y estoicos.

En segundo lugar, el *active learning es un aprendizaje orientado a la acción, es decir, se trata de aprender haciendo y de aprender para hacer,* una concepción del proceso formativo que se alinea con una de las corrientes de formación más relevantes en el ámbito del management, denominada *learning by doing* o *learning by action* y también conocida como enfoque AMA (aprendizaje mediante la acción).

Es un planteamiento en el que existe una total identidad con el *facta non dicta* estoico que tiene sus antecedentes en Aristóteles que ya, en su *Ética a Nicómaco,* afirmaba que: "El hombre se hace justo por la práctica de actos de justicia y temperante por la práctica de actos de templanza, sin este ejercicio nadie estaría siquiera en el camino de hacerse bueno. Pero los hombres, en su mayoría, no proceden así, refugiándose en la teoría se imaginan hacer obra de filósofos y que por este medio serán varones perfectos".

Se trata, como certeramente afirmaba Lope de Vega en su *Égloga a Claudio,* de pasar "de las musas al teatro". La filosofía estoica es, en definitiva y como ya se ha insistido, una filosofía de acción que, gobernada por la razón, está al servicio de la comunidad.

El self management *se vincula con la segunda competencia* del paradigma directivo estoico: aprender y perfeccionarse.

- *Working with people.* El trabajo con gente o en equipo exige una serie de destrezas o competencias que hagan posible relacionarse fluidamente con los demás mediante una comunicación eficaz (se aborda más específicamente, a continuación, en el apartado dedicado a las *core literacies*), una escucha activa y una actitud ejemplar que sea consecuente con los valores y principios que deben regir nuestra conducta.

En relación con todo ello y como se ha destacado reiteradamente, el estoicismo está informado por el concepto de *humanitas* que supone un reconocimiento de los demás y una actitud abierta, dialogante y colaborativa.

Afirma Cicerón en Sobre los deberes: "La virtud en general se ejercita casi toda ella en estas tres formas de actividad: una descubriendo qué hay de verdad y de sinceridad en cada cosa... la otra consiste en contener las turbaciones del alma... y la tercera, tratar con moderación y cortesía a aquellos con quienes nos reunimos socialmente, para que con su cooperación podamos tener en grande y bastante abundancia lo que desea la naturaleza...".

El working with people está relacionado con la tercera competencia del paradigma de dirección estoica: extraer lo mejor de las personas.

- *Service orientation.* La orientación al servicio es *la capacidad de anticipación de las expectativas y necesidades de los clientes/ciudadanos* en la que se basa la oferta de un producto o la prestación de un servicio de calidad e *implica, igualmente, una orientación a resultados.*

No debemos, sin embargo, confundir o identificar la orientación a resultados con la cuenta de resultados, atendiendo exclusivamente a los efectos económicos y los ingresos de la organización, sino que se debe también *considerar el impacto de la actividad empresarial sobre la comunidad* en términos que van más allá de la responsabilidad social corporativa.

Las organizaciones y sus directivos deben, por tanto, asumir una responsabilidad pública que trasciende a la del negocio concreto. Esta perspectiva es, igualmente, la de filosofía estoica que, efectivamente, es una filosofía de perfeccionamiento personal, pero que, como se ha insistido, no supone el aislamiento del individuo porque, a la vez, es una filosofía de compromiso social y de participación en los asuntos públicos.

Los estoicos defienden, ante todo, la proyección social del individuo mediante un ideal de vida que, como destacan García-Gual e Imaz: "elogiaba la cooperación, la fraternidad de todo el género humano, y que comportaba una teoría de los deberes del ser humano en la sociedad".

El estoicismo, reconduce de esta manera el individualismo que caracteriza a su época (como a la nuestra) con un esfuerzo por dar a su filosofía un contenido social, por informar la vida de la comunidad con un sentido humanitario (y racional) que *invita a la colaboración entre iguales* (la comunidad de seres racionales) que es imprescindible *para generar complicidades que hagan posible la consecución de metas comparti-das,* objetivo último de cualquier sociedad u organización.

La service orientation se vincula con la cuarta de las competen-cias del paradigma de dirección estoica: orientación a resultados.

- *Core literacies* (o competencias de expresión y compren-sión clave). Aunque existen diferentes acepciones para el concepto de *literacy,* en el contexto del informe del Foro Económico Mundial se refiere al *dominio o buen manejo de diferentes destrezas en el ámbito laboral* que, en la actualidad, están relacionadas con una adecuada expresión y com-prensión oral y escrita (*literacy*), con el manejo de deter-minadas destrezas numéricas y matemáticas (*numerical lite-racy*), con la capacidad para entender los mensajes que se difunden en los *media* (*media literacy*), así como con la apti-tud en el uso de las nuevas tecnologías (*digital literacy*), sus diferentes dispositivos y canales y su empleo crítico y creativo en la resolución de problemas.

Nos vamos a centrar en *la competencia nuclear de este con-junto de destrezas esenciales* para un desenvolvimiento eficaz en el ámbito laboral de nuestro tiempo, *la relativa al uso de la palabra*[117].

---

[117] Christophe Clavé, en su obra *Les voies de la Stratégie,* destaca fenómenos como el empobrecimiento del lenguaje y la reducción del vocabulario emplea-do en las conversaciones, la creciente torpeza que se experimenta en el manejo adecuado de la sintaxis, en el empleo de las figuras retóricas o en el recurso a los matices y precisión del pensamiento filosófico. La consecuencia de todo ello es, en definitiva, la dificultad para desarrollar un pensamiento complejo que afecta también a los directivos en el contexto general de simplificación y superficialidad en el que vivimos. *Vid.* en el apartado 7, las referencias a Carr y el impacto de internet sobre el pensamiento y la lectura profundos.

Trascendiendo una perspectiva meramente funcional, esta no se limita a la capacidad de leer, escribir y hablar (también de saber escuchar), sino que su importancia radica en dos aspectos que, desde una perspectiva estoica, son fundamentales:

- En primer lugar, porque se trata de una habilidad que es profundamente humana y está, inextricablemente, asociada a la razón como principal rasgo definitorio de nuestro género. (De hecho, el concepto griego de *"logos"* puede ser entendido como *razón* o como *palabra*).
- En segundo lugar, porque nos conecta con nuestros semejantes y nuestro entorno, nos hace conscientes de formar parte de él y, en consecuencia, nos convierte en responsables, en menor o mayor medida, de su evolución.

En el ámbito laboral y particularmente en el caso del directivo por su posición en la organización, *para tener influencia sobre los miembros de la organización y para liderar de una manera efectiva, es imprescindible saber comunicarse* y manejar la información que constituye su principal herramienta de trabajo[118].

Es preciso, darse cuenta del *valor de la palabra tanto para crear motivos, para guiar, para organizar, para transmitir nuestro pensamiento como para recibir, conocer y valorar las ideas, aportaciones y expectativas de los demás.*

---

[118] En ello insisten muy especialmente Mintzberg y Drucker.

Los estoicos insisten en la importancia y el valor de la palabra como medio para perfeccionarnos y conocernos, para percibir y definir nuestro entorno, para comunicarnos y aproximarnos a los demás y, en definitiva, para asumir nuestras responsabilidades con la comunidad. *Por ello, definen una ciencia del logos, una ciencia del discurso racional* que comprende a la vez pensamiento y lenguaje, es decir, se refiere, por una parte, a la comprensión de las cosas y su conocimiento como realmente son y, por otra, a la buena expresión de los razonamientos.

Para los estoicos, el buen uso del lenguaje y una actitud dialogante y de escucha activa son herramientas fundamentales para compartir una correcta visión del mundo, para relacionarnos y comunicarnos eficazmente en sociedad y para aproximar posturas y ganar voluntades.

Lo expresa con precisión Quintiliano, que es, junto con Cicerón, la más destacada figura de la oratoria de la antigua Roma y está, además, claramente influido por la filosofía estoica. A su juicio, el estoicismo constituye "un conocimiento profundo y una matriz ética ejemplar" que, precisamente por su importancia, necesita de un medio de expresión eficaz y persuasivo que le permita llegar a todos. Por ello, el orador es ante todo un *vir bonus dicendi peritus* (un hombre bueno o virtuoso diestro en el hablar) cuyo principal objetivo es lograr la recuperación de la sabiduría para la vida cotidiana y la formación de buenas personas y buenos ciudadanos.

En definitiva y cómo afirma García-Borrón: "El estoicismo fue resultado de aplicar la mente dialéctica y razonadora, el deseo audaz de ver con claridad y decir con rigor intelectual…".

Las core literacies están asociadas a la segunda y tercera competencias del paradigma de dirección estoica: aprender y perfeccionarse y extraer lo mejor de las personas.

- *Physical abilities* (o aptitudes físicas). La eficacia, tanto de sus máximos responsables (los directivos) como del conjunto de los empleados de cualquier organización, exige que cuenten con una serie de capacidades físicas que, aunque puedan variar en función del tipo de actividad que se desarrolle, son esenciales para un buen desempeño de las funciones y tareas que les competen.

La filosofía estoica destaca la *importancia de disfrutar de una buena condición física y corporal* que contribuya al mantenimiento de nuestro equilibrio general en línea con el *viejo aforismo latino de mens sana in corpore sano.*

Dicho aforismo (textualmente en latín es: *Orandum est ut sit mens sana in corpore sano*), procede de la Sátira X de Juvenal y su correcta interpretación (que va bastante más allá del mero consejo *healthy* en el que se ha convertido en nuestros días y que se asocia con la necesidad de vivir de una forma saludable) debe tener en cuenta la *visión integral y sistémica que de todo, y también del individuo, tienen los estoicos y que exige que cada uno de nosotros se esfuerce y trabaje para vivir en un estado de permanente equilibrio* que afecte globalmente a los *diferentes elementos que configuran a la persona* (tanto a su alma como a su cuerpo) renunciando a los excesos y las pasiones (tanto en lo físico como en lo espiritual), optando por la serenidad (la apatía estoica), la sensatez, la fortaleza ante las adversidades y, en definitiva, por la virtud (que es razón) que nos hace libres. Desde la perspectiva estoica[119]: "el alma impregna la totalidad del cuerpo en incesante interacción recíproca. En los individuos, como en los pueblos, las cualidades espirituales están condicionadas por las cualidades somáticas".

Como nos recuerda Braicovich, *el problema de la salud del alma para los estoicos no se puede abordar sin considerar la materialidad de los procesos que se dan en claramente influida por la salud del cuerpo* y, por este motivo, la exhortación a cuidar nuestro cuerpo es perfectamente comprensible.

Las physical abilities se vinculan con la segunda competencia del paradigma de dirección estoica: aprender y perfeccionarse.

Podemos, a la vista de lo expuesto, concluir que el Foro Económico Mundial, en las últimas ediciones de su informe *Trabajos del Futuro,* e igualmente en los más recientes sobre el *Futuro del Empleo,* corrobora la plena actualidad de las recomendaciones de la filosofía estoica en el ámbito laboral y en el de la dirección y gestión de organizaciones por su coincidencia con ella, tanto en su recomendación de un enfoque humanista integral que nos conduzca a un sistema socioeconómico más justo, sostenible y equitativo para todos (ese *reseteo global* propuesto por el Foro) como en la necesidad de estimular una serie de capacidades de naturaleza transversal o multifuncional que coinciden con las competencias básicas del paradigma de dirección estoica y que constituyen eficaces herramientas para afrontar los retos de un mundo cambiante e incierto.

---

[119] *Vid.* Puente Ojea Gonzalo: *Ideología e historia. El fenómeno estoico en la sociedad antigua.* Madrid, Siglo XXI editores.

7. SÉPTIMA RAZÓN. 7. La afinidad de la "sabiduría estoica" con la más reciente bibliografía y tendencias en materia de management y liderazgo

De la misma manera que en la Razón 4ª se ha demostrado la convergencia entre la sabiduría de los autores del estoicismo romano y la de los autores del management clásico, esta Razón 7ª pretende acreditar también la sintonía de los primeros con la más novedosas y actuales tendencias de la literatura especializada sobre liderazgo y dirección de organizaciones[120], demostran-

---

[120] Autores, como Kotter o Zaleznik, consideran que liderazgo y dirección son cosas distintas. Para ellos, el líder se ocupa de lo importante mientras que el directivo se centra en lo urgente. El liderazgo se asocia con el dinamismo, la emoción, el carisma, la innovación y la dirección con lo predecible, el control, la estabilidad y el equilibrio. En definitiva, el liderazgo lo conciben como "hacer las cosas correctas" (el qué) y la dirección como "hacer las cosas bien" (el cómo).

Optamos aquí, no obstante, por la posición mantenida por otros especialistas, entendiendo que dirección y liderazgo son conceptos que están estrechamente unidos y que el directivo ha de ser también necesariamente líder, toda vez que el ejercicio del liderazgo es consustancial al correcto desempeño de las tareas directivas que es clave para el éxito.

El rol de líder de Mintzberg, por ejemplo, está presente en todas las actividades directivas y vinculado con una función fundamental, la de estimular y motivar al personal, conciliando sus necesidades con las de la organización. También Pérez López, considera la función de "liderazgo" y la búsqueda de la "unidad" como una de las tres dimensiones fundamentales de la función directiva.

El liderazgo, desde esta perspectiva, no se basa en *el carisma, el heroísmo y unas supuestas cualidades innatas* del líder que son inalcanzables para los demás. El liderazgo supone capacidad para el ejercicio de unas habilidades que son idénticas para el directivo y el líder.

do, en consecuencia, la indiscutible utilidad en nuestros días del "modelo de dirección estoica".

"Paradigma estoico" y liderazgo

Entendemos por "líder" aquella persona que tiene la capacidad de atraer voluntades, convenciendo y motivando a otros para la consecución de un objetivo determinado. John P. Kotter, en su conocida obra *El factor liderazgo,* afirma que competen al líder dos funciones principales:

- La primera: elaborar una visión de lo que debe ser la organización y saber cuál ha de ser el rumbo, desarrollando las estrategias necesarias para materializarla.
- La segunda: configurar un equipo motivado y comprometido con la visión del líder. Es decir, el líder debe tener no sólo visión, sino también la capacidad de desarrollar estrategias y lograr la red de cooperación humana que se identifique con el objetivo perseguido. Para ello, debe tener también la capacidad de motivar y entusiasmar a este grupo humano.

El líder es una pieza clave en los resultados de cualquier organización. En opinión de Jim Collins (*Empresas que sobresalen: Por qué algunas sí pueden mejorar la rentabilidad y otras no*) y aunque

---

El liderazgo, en consecuencia, se puede aprender por ser un ejercicio de relación interpersonal que, basado en la inteligencia emocional se pueden enseñar y desarrollar. En definitiva y como afirma Goleman: "El líder no nace, se hace".

no sea, evidentemente, el único factor a tener en cuenta, sí es una de las variables críticas.

Collins define como el "directivo nivel 5" a aquel que es capaz de crear una cultura de excelencia desde la humildad y una estricta voluntad de trabajo, dos rasgos que, precisamente, caracterizan la dirección estoica.

En una cuestión esencial como la del liderazgo, *el paradigma de dirección estoica* no sólo está especialmente próximo a ese "directivo nivel 5" de Collins, sino también al perfil directivo reivindicado por algunas de las corrientes (hasta una decena) más destacadas en ese ámbito:

- *El liderazgo servicial*[121]. Entre las características de los "líderes serviciales", cabe subrayar no pocas coincidentes con las propias de la dirección estoica: saber escuchar, ser empático, buen conocedor de uno mismo y del entorno (tiene una holística de la realidad que empieza por él) prestar una atención prioritaria a las relaciones con los demás, ser persuasivo y no coercitivo, ser un gran conceptualizador (elaboración de visión y objetivos a compartir), ser clarividente (porque conoce el pasado, es consciente del presente y puede así más fácilmente afrontar y anticipar el futuro), estar comprometido con el crecimiento de las personas y, en relación con esto último, ser constructor de comunidad.

---

[121] Blanchard, K y Broadwell, B.) (2018): *El liderazgo servicial. Los mejores expertos opinan para obtener grandes resultados.* Barcelona, empresa Activa.

- *El Liderazgo relacional*[122]. Basado en las aportaciones de la escuela humanista, se centra en las personas, atendiendo, especialmente, a la motivación y sus diferentes tipos como elemento clave para atraer y estimular a los miembros del equipo.

  El líder relacional emplea los tres tipos de motivación: extrínseca, intrínseca y trascendente, pero, como el directivo estoico, potencia especialmente las dos últimas por considerar prioritario, por un lado, el progreso y crecimiento personal de todos los miembros del equipo y, por otro, el impacto de la actividad de la organización y del trabajo de los individuos que la componen sobre la comunidad.

- *El Liderazgo resonante*[123]. Encuadra diferentes tipos de liderazgo y se perfila por contraste con el liderazgo disonante. Un líder resonante es empático y se caracteriza por generar energía y emociones positivas a su alrededor y un clima laboral optimista. Inspira simpatía, confianza, admiración y, en definitiva, compromiso. Por el contrario, el líder disonante, carece de proximidad, asertividad y empatía y despierta emociones y sentimientos negativos y estrés.

  Hay diferentes estilos de liderazgo resonante cuyos rasgos básicos se puede afirmar que están presentes en el modelo de dirección estoica:

  - *El líder democrático*: este líder forja consenso mediante la participación, es muy empático y apuesta

---

[122] Cardona, Pablo: Fecha de visita 11/01/2018. Sitio web: "El liderazgo relacional" https://media.iese.edu/research/pdfs/DI-0412.pdf

[123] Goleman, Boyatzis, McKee. (2007): *El Líder resonante crea más*. Barcelona, Plaza & Janés.

por el trabajo en equipo y el compromiso de sus miembros.

— *El líder afiliativo*: se define por crear armonía y construir lazos emocionales entre todos los miembros del equipo, creando un buen clima laboral y compromiso de grupo.

— *El líder carismático*: tiene un poder de atracción sobre los demás y un carisma que facilita la adhesión de voluntades. Crea una visión compartida y fija metas de manera ilusionante para sus colaboradores, transmitiéndoles energía y optimismo.

— *El líder "coach"*: se preocupa por el crecimiento de las personas que lo rodean, por mejorar su desempeño y sus fortalezas a largo plazo, son asertivos, saben escuchar y motivar para obtener lo mejor de cada uno de los miembros de su equipo.

• *El Liderazgo transformacional*[124]. Tiene su origen en los trabajos de MacGregor y Bass y se define como una relación de influencia con motivación intrínseca (la de *autorrealización* de la persona) que propone el cambio mediante la propuesta de una visión de futuro que hagan suya los colaboradores/seguidores.

En el liderazgo transformacional, por tanto, la función del líder es conmover y cambiar una determinada situación dada, transmitiendo a sus colaboradores una visión ilusionante de futuro (utilizando, a tal fin, los idea-

---

[124] MacGregor Burns, James. (2003): *Transforming Leadership,* New York, Grove Press.

les y motivos más altos de los seguidores) con la que se comprometen y para cuya realización asumen el necesario cumplimiento de unos objetivos compartidos que exigen una actitud colaborativa y de trabajo en equipo.

Se trata, en definitiva, de cambiar las expectativas, percepciones y motivaciones de sus colaboradores, así como de impulsar la transformación dentro de una organización y de las personas que la componen.

Desarrollando los trabajos previos de MacGregor, Bernard Bass definió, en su ya clásico *Leadership and Performance beyond Effectiveness*[125], los cuatro elementos esenciales del liderazgo transformacional que, indudablemente, coinciden en gran medida con el modelo estoico de dirección:

— La influencia idealizada es el conjunto de habilidades de los líderes para, desde un comportamiento ético *(principios, valores)* y consecuente *(ejemplaridad)* generar admiración, respeto, confianza y, en consecuencia, adhesión de voluntades. *(Autoridad moral.)*

— La motivación inspiracional que supone el reconocimiento de la aportación realizada por los colaboradores, generando, en ellos, *seguridad y optimismo* y una mayor lealtad al líder y un mayor compromiso con la *visión y objetivos compartidos. (Generación de unidad.)*

— La estimulación intelectual implica la *corresponsabilización* de los colaboradores en el proceso de cam-

---

[125] Bass, Bernard M. (1985) *Leadership and Performance beyond Effectiveness,* L.A, Free Press Ed.

bio, retroalimentándolos y estimulando la generación de aportaciones y una actitud proactiva.

— Finalmente, la *consideración individual* marca la cercanía entre cada uno de los miembros del grupo y su preocupación no sólo por su desempeño, sino también por sus intereses y su desarrollo y *realización integral*.

• *El liderazgo espiritual*[126]. Desde esta perspectiva, *los líderes* deben vivir sus vidas y guiar las organizaciones de manera que, *además de lograr su éxito económico, tengan en cuenta su impacto en las personas que dirigen, en su comunidad y en el conjunto del planeta*. El liderazgo espiritual se sustenta en las tradiciones espirituales y religiosas que proporcionan una sólida base sobre la cual los líderes pueden perfeccionar sus habilidades y competencias mediante la búsqueda de niveles más altos de autoconciencia y preocupación por sus semejantes.

Se trata, *como en el modelo estoico, de buscar la dimensión más profunda de la experiencia humana; la autotrascendencia* (voluntad de sentido en Frankl y "autorrealización" y "autotrascendencia" en Maslow) y el consiguiente sentimiento de interconexión con el resto del universo, estableciendo un marco de valores altruistas en la organización que promuevan la *"experiencia autotrascendente"* de sus miembros a través del trabajo.

---

[126] Fry Louis W, Altman Yochanan. (2013): *Spiritual Leadership in Action: The CEL Story Achieving Extraordinary Results Through Ordinary People,* Standford University.

El modelo de dirección estoica se alinea, también, con *otras aportaciones más recientes en materia de liderazgo* como:

- *El liderazgo feliz* de Tal Ben-Shahar[127] *(The Joy of leadership* y *La búsqueda de la felicidad),* un liderazgo *fundamentado, con carácter general, en la psicología positiva* (optimismo, visión de abundancia[128]) que aboga por una *vida plena desde una perspectiva integral de la persona que puede conseguir la felicidad y el bienestar mediante* el modelo SPIRE. El modelo define *cinco dimensiones* del individuo en las que trabajar (física, espiritual, intelectual, emocional y relacional[129]) para hacer posible su mejora y realización completa.

Este planteamiento de concepción integral del sujeto y de esfuerzo para mejorar en sus diferentes facetas está muy próximo al estoicismo, pero también a los clásicos del *"management".* (*"Visión de abundancia"* en Whetten y Cameron o concepto de *"afilar la sierra"* en Covey que implica ejercer las cuatro dimensiones [física, espiritual,

---

[127] Shahar, Tal Ben y Ridgey, Angus. (2017): *The Joy of Leadership: How Positive Psychology Can Maximize Your Impact (and Make You Happier) in a Challenging World,* Hoboken (New Jersey), John Wiley & Sons.

[128] Una visión también reivindicada por Covey, Whetten y Cameron.

[129] En relación con el concepto de "afilar la sierra" en Stephen Covey, un concepto que se refiere a la necesidad de trabajar sobre nosotros en un proceso de mejora continua que implica: "ejercer las cuatro dimensiones [física, espiritual, mental y social] de nuestra naturaleza, regular congruentemente, de manera sabia y equilibrada... esa es la inversión más poderosa que está a nuestro alcance en la vida: la inversión en nosotros mismos, en el único instrumento con que contamos para vivir y realizar nuestra aportación". (S. Covey. *Los 7 hábitos de la gente altamente efectiva).*

mental y social] de nuestra naturaleza y regularlas, congruentemente, de manera sabia y equilibrada).

Además, Shahar reivindica un *paradigma específico de dirección*, el enfoque SHARP, que, cimentado en los 5 *multiplicadores del rendimiento* (fortalezas, salud, concentración, relaciones y propósito*), se alinea claramente con las características del modelo estoico:*

- *Fortalezas:* conócete, sé consciente de tus límites e identifica tus fortalezas para aprovecharlas dando lo mejor de ti y obteniendo lo mejor de los demás. (Perfeccionamiento personal, conocimiento y control de uno mismo y entrega y apoyo a los demás en el modelo estoico.)

- *Salud:* mantén unos hábitos saludables que te permitan mantener el equilibrio ("apatía" para los estoicos) entre la calma y el estrés y entre la vida personal y profesional para poder rendir al máximo (*mens sana in corpore sano* tal y como hemos visto en el apartado 6).

- *Concentración:* céntrate en lo que haces y no dejes margen a la distracción. (Reflexión, meditación y autoconciencia estoicos).

- *Relaciones:* cultiva unas relaciones sociales positivas y un buen ambiente de trabajo y de seguridad psicológica basado en la autenticidad y la coherencia de tus actos. (Este elemento del modelo SHARP se relaciona con las propuestas del modelo estoico en su tercera competencia referida al apoyo, motivación y liderazgo de las personas.)

— *Propósito:* ten una finalidad ambiciosa de transformación que vaya más allá de los límites de la organización o los directos beneficiarios de su actividad para trasladarla al conjunto de la comunidad y comunícala e implica a los miembros de la organización. (Se vincula con la cuarta competencia del paradigma estoico, la orientación a resultados y el impacto sobre la comunidad; la más próxima y la universal, de acuerdo con el ideal cosmopolita de la filosofía estoica.)

- *El liderazgo consciente*[130] (propio del capitalismo consciente) es reflexivo y autoconsciente, cuenta con una inteligencia sistémica (además de una inteligencia emocional, analítica y espiritual muy desarrolladas) que le permite tener una concepción integral de su entorno. Apoyado en sus creencias, valores y principios, se apoya en ellos proyectando una integridad y una ejemplaridad que le permiten ejercer un liderazgo al servicio de quienes colaboran con él, ayudándoles a crecer y mejorar, fijando propósitos compartidos y alcanzando sus objetivos y un impacto positivo en el mundo a través de su empresa.

En el liderazgo consciente, como en el modelo estoico, es esencial: encontrar un propósito ambicioso, desarrollar la inteligencia emocional y conocerse bien (practicar la meditación como recomiendan diariamente Séneca y Epícteto), cultivar las virtudes, concebir el entorno como un todo, aprender y crecer constantemente,

---

[130] Mackey, J y Sisodia, R. (2016): *Capitalismo consciente*, Barcelona, Empresa Activa.

apreciar la sabiduría intemporal del pasado y cultivar la salud física.

- *El liderazgo carismático transformacional* de Nye[131] *(Las cualidades del líder)* que tiene sus antecedentes en los trabajos de MacGregor y Bass que consideraban básica la relación de influencia con motivación intrínseca que propone el cambio mediante la reivindicación de una visión de futuro que hagan suya los colaboradores/seguidores.

  Según Nye, lo esencial es, como también desde la perspectiva estoica, la *capacidad de este tipo de líder para que sus colaboradores trasciendan el interés personal* en favor de objetivos superiores, valiéndose, fundamentalmente, de las aptitudes del poder blando que genera el líder carismático y que están presentes como se ha visto en el paradigma de dirección estoica: *inteligencia emocional, ejemplaridad, comunicación y asunción de una visión que otorgue significado y atraiga voluntades.*

- *El liderazgo extraordinario* de Zenger y Folkman[132] *(El líder extraordinario)* que se caracteriza por cinco elementos (carácter, capacidad personal, habilidades de relación, liderazgo del cambio y orientación a resultados) que integran 16 competencias, sin duda, coincidentes con las del "directivo estoico": ejemplaridad y consistencia, autodesarrollo, perspectiva estratégica y conexión con el mundo exterior, receptividad, colaboración e impulso de las relaciones interpersonales, comunicación frecuente y efectiva (en especial del propósito) e inspiración, apoyo y motivación y desarrollo del equipo.

---

[131] Nye, J.S. (2011): *Las cualidades del líder*, Barcelona, Paidós.

[132] Zenger, J. y Folkman, J. (2014): *El líder Extraordinario*, Barcelona, Profit Editorial.

- *El liderazgo regenerativo o natural* de Hutchins y Storm[133] que *implica, esencialmente, la sintonización del negocio con la forma en que funciona la naturaleza (integrada y como sistema, tal y como se concibe en el "monismo estoico") y un impacto cuyos beneficios trascienden a los de la organización, incluyendo a la sociedad en general y al medio ambiente (puro cosmopolitismo y compromiso social estoico).*

Parte, como los estoicos, de una *concepción sistémica o integral del individuo, su entorno y sus capacidades* y hace especial énfasis en la *reparación de cuatro disfunciones mediante la reconexión entre:*

— *Los aspectos internos* (recuperar la vida interior la reflexión y el autoanálisis para ponernos al servicio de los demás) y *externos* (el entorno del que forma parte el individuo y sobre el que se produce el impacto y los resultados de su actividad).

— *El hombre y la naturaleza. (El estoicismo pone especial énfasis en la integración del individuo en su entorno y en el conocimiento y respeto de las reglas naturales que lo rigen).*

— *Los dos géneros* (necesidad de integrar los aspectos masculinos y femeninos presentes en todos nosotros).

— *Las capacidades de los dos hemisferios cerebrales* (lo racional y analítico *vs.* lo intuitivo y creativo que forman un todo como también proponen los clásicos del management contemporáneo; Covey o Whetten y Cameron).

---

[133] Hutchins, Giles y Storm, Laura. (2019): *Regenerative Leadership: The DNA of life-affirming 21st century organizations,* Royal Tunbridge Wells (Inglaterra), Wordzworth Publishing.

"Dirección estoica" y aportaciones recientes en el ámbito del management[134]

Por lo que se refiere a la *convergencia del modelo de dirección estoico con la reciente bibliografía en el ámbito del management* y la dirección de organizaciones, se analizan, a continuación, diferentes trabajos que abordan asuntos tan inequívocamente relacionados con la filosofía estoica como:

- La correcta percepción de nuestro entorno y la elaboración de los juicios.
- La defensa y protección de la verdad.
- La toma de decisiones éticas y la consideración previa de sus consecuencias.
- La necesaria visión estratégica e integral de la realidad.
- La resiliencia como herramienta para la asunción de la realidad y nuestra adaptación a los acontecimientos.
- La seguridad psicológica en el entorno laboral mediante la empatía y el respeto a los demás.
- El necesario compromiso de la organización y sus miembros con la comunidad de la forman parte.

---

[134] Para la elaboración de esta parte del trabajo me ha resultado especialmente útil el sitio qtorb (https://www.qtorb.com/) que me ha facilitado, por una parte, una primera aproximación a las novedades en materia de management y liderazgo y, por otra, una selección posterior más ajustada y precisa de aquellas que, vinculadas con el contenido de este libro, han sido, finalmente, objeto de un análisis más detallado.

Las obras que han sido objeto de análisis son las siguientes:

- *Resetting Management: Thrive with Agility in the Age of Uncertainty*[135] (Stéphane J.G. Girod y Martin Králik. (2021) plantea la necesaria adaptación del management a las necesidades generadas por un entorno disruptivo y de incertidumbre como el actual. El objetivo esencial es el de crear organizaciones flexibles, resilientes e innovadoras.

  A tal fin y partiendo de una clara conciencia del líder de sí mismo (autoconocimiento y autocontrol), es necesario "resetear el modelo de liderazgo" mediante el impulso y desarrollo de cuatro competencias, a juicio de los autores, básicas:

  - *Apoyo y orientación al equipo.* En el actual contexto de incertidumbre, es prioritario facilitar a nuestros colaboradores más consejo y asesoramiento que instrucciones, escucharlos y ser receptivos a sus propuestas (generando confianza y seguridad), estimular su pensamiento crítico y, en definitiva, fomentar y aceptar la aportación de una diversidad de ideas y propuestas innovadoras capaces de transformar la organización y su entorno.

  - *Alineamiento e integración de los intereses y objetivos* de la organización y de sus miembros (Cohesión/unidad). Para garantizar la unidad en la consecución de los objetivos fijados, se propone establecerlos y comunicarlos claramente sin posibilidad de ge-

---

[135] *Reseteando el management: mejorar con agilidad en la era de la incertidumbre.*

nerar falsas expectativas y alineando el propósito, liderazgo y cultura de la organización como base de toda transformación.

— *Colaboración.* Es imprescindible para el éxito de cualquier empresa de nuestro tiempo garantizar la conexión y relaciones de todos los agentes implicados interna y externamente (trabajadores, clientes, proveedores, accionistas) al objeto de tener en cuenta los diferentes puntos de vista y de aprovechar el talento individual y colectivo de todos ellos. (En el ámbito del *capitalismo consciente*, se hace también un énfasis especial en la necesidad de atender a ese ecosistema de *stakeholders* vinculados con una organización y su actividad que se ha denominado como la "Comunidad".)

— *Aprendizaje constante.* En la era de los trabajadores del conocimiento, es imprescindible un proceso continuo de aprendizaje y mejora que nos cualifique para entender los hechos y sus relaciones causales, así como las tendencias y posibilidades de cambio en el entorno desde una visión diversa y estratégica.

Todas las competencias enumeradas las encontramos en el *paradigma de dirección estoica (segunda y tercera competencias)* que, como se ha indicado, genera un entorno de seguridad psicológica imprescindible en un ambiente incierto y de indefinición.

Y... ¿Qué dicen los estoicos?

"Y si quieres ser útil a los demás, al tiempo de pasear y de comer con ellos, instrúyelos con buenos ejemplos, sé complaciente, cede a todos, dales preferencia, sufre hasta sus impertinencias y seles útil, en fin, enseñándoles cómo se es mejor que ellos". (Epícteto. *Máximas*).

" ...Porque cuando hay identidad de inclinaciones [de pretensiones, de objetivos] la hay también de voluntades... y sucede que de varias almas se forme una sola". (Cicerón. *Sobre los deberes*).

"... que nunca deje [la persona que ocupa puestos de responsabilidad] de instruirse y de observarse atentamente a sí mismo, que su actitud sea una llamada a otros para que lo imiten...". (Cicerón. *La República*).

- *Thinking in Systems*[136]. (Donella Meadows, 2022) se refiere a la importancia de una percepción sistémica de la realidad en un contexto tecnológico y global como el de nuestros días en el que se precipitan los cambios y se multiplican los actores. Por ello, es hoy más necesario que nunca valernos, no sólo de nuestro pensamiento analítico que nos ayuda a estudiar los fenómenos descomponiéndolos en partes pequeñas y comprensibles, sino, también y como se propugna igualmente desde el ámbito del liderazgo del capitalismo consciente, de nuestro pensamiento sistémico que es el que hace posible que entendamos la realidad como un todo que, cons-

---

[136] *Pensar en Sistemas.*

tituido por sus diferentes elementos, sus interrelaciones y su propósito, lleva aparejados una serie de problemas inherentes a su funcionamiento.

Sólo siendo conscientes de que es el propio sistema el que genera sus disfunciones y conociendo su estructura seremos capaces de entender cómo opera y de adoptar las medidas necesarias para reestructurarlo y corregirlo. Debemos trascender el mero análisis de los sucesos y descubrir bajo ellos las pautas dinámicas de comportamiento del sistema para, de esta forma, ser capaces de predecir su comportamiento y trabajar desde una perspectiva a largo plazo que haga posible una mejor adaptación a los acontecimientos o, incluso, predecirlos o provocarlos.

A pesar de la utilidad de contar con la visión integral y estratégica que nos proporcionan los sistemas, debemos, no obstante, reconocer las limitaciones de todo modelo interpretativo de la realidad porque, si bien es cierto que, gracias a él, podemos integrar una enorme cantidad de conocimientos, no lo es menos que dichos conocimientos no son ni mucho menos suficientes y que nuestro saber es increíble, pero nuestra ignorancia aún lo es más.

Para una adecuada aproximación al funcionamiento de los sistemas, Meadows hace, básicamente, las siguientes, recomendaciones:

— Someternos a un aprendizaje y a una preparación constante y reconocer humildemente nuestra ignorancia.
— Manejar rigurosamente toda la información de la que dispongamos evitando los retrasos, la mani-

pulación, la distorsión, la dispersión o la pérdida de la información que pueden desfigurar nuestra percepción del entorno.

- No conformarnos nunca con una única explicación teoría o modelo y recopilar todos los que podamos (la diversidad y contraste de opiniones es el fundamento del método socrático reivindicado por los estoicos y basado en la *escucha* y el *diálogo*), planteándonos constantemente preguntas sobre las ventajas e inconvenientes de unos y otros.

- Actuar sin miedo a nuestros errores, siendo capaces de aprender de ellos y asumiendo nuestra responsabilidad.

- Conocer la historia y los antecedentes de nuestros sistemas y nuestra realidad.

Todas estas recomendaciones coinciden, en lo esencial, con eso que hemos denominado como la "contemplación de Sócrates" que se encuentra en la base del estoicismo y, por tanto, del modelo de dirección estoica que se propone y que constituye una declaración de humildad, un reconocimiento de nuestras limitaciones y, a la vez, una reivindicación del hombre, la razón y la reflexión humana. Como nos aconseja Marco Aurelio: "¿Tengo o no tengo bastante conocimiento para hacer esta obra? Si tengo bastante voy a servirme de él como de instrumento que la naturaleza universal ha puesto en mis manos, pero si no tengo bastante, voy a dejar la obra a quien pueda hacerla mejor".

Además, la percepción integral y sistemática de la realidad es una cuestión nuclear de la filosofía estoica ("monismo estoico" y primera competencia de su modelo de dirección) a la que ya nos hemos referido reiteradamente.

Y... ¿Qué dicen los estoicos?

"¿No te parece que todo está unido?... ¿No te parece que lo de la tierra actúa en simpatía con lo del cielo?... las plantas y nuestros propios cuerpos están atados al conjunto y reaccionan en simpatía con él. (Epícteto. *Disertaciones por Arriano*).

"El ocio sin letras es una muerte y la sepultura de un hombre vivo...". (Séneca *Cartas a Lucili"*).

"Lo que perturba a los hombres no son precisamente las cosas, sino la opinión que de ellas se forman...". (Epícteto. *Máximas*).

"Así como existe un arte de bien hablar, existe también el arte de bien escuchar". (Epícteto. *Máximas*).

"El ignorante no espera de sí mismo su bien y su mal, sino de los otros. El filósofo sólo espera bien y mal de sí mismo". (Epicteto. *Máximas*).

"Yo, empero, haré uso del camino de los antiguos, pero si llego a encontrar uno más conveniente y más llano, me haré fuerte en él. Los que antes que nosotros pusieron estas cosas en movimiento no son nuestros dueños, sino nuestros guías". (Séneca. *Cartas a Lucilio*).

• *The Leader's Guide to Resilience: How to Use Soft Skills to Get Hard Results*[137] (Audrey Tang. 2021) aborda el concepto de

---

[137] *Guía de resiliencia para líderes: Cómo valerse de las competencias blandas para lograr resultados relevantes.*

resiliencia y su aplicación en el mundo de la dirección. La resiliencia se concibe como una herramienta esencial para el líder y su equipo en cualquier organización y supone la capacidad de superación de las presiones, conflictos y problemas (agravados en un contexto de crisis e incertidumbre como el actual) mejorando, a la vez, nuestra autorrealización y nuestro crecimiento personal.

La autora identifica una serie de elementos que hacen posible la resiliencia:

- El autoconocimiento y la autoconciencia (nuestras fortalezas y debilidades).
- La adecuada percepción y conocimiento del entorno y la flexibilidad necesaria para adaptarnos a él.
- La autoexigencia, el aprendizaje de nuevas destrezas y el trabajo constante sobre nosotros mismos.
- El equilibrio entre la planificación y la acción (prima esta última como en el *facta non dicta* estoico) siendo capaces de asumir nuevos retos y abandonando eso que se ha denominado como nuestra "zona de confort".
- La colaboración y capacidad de generar confianza y seguridad entre los que nos rodean, escuchando y aceptando diferentes puntos de vista e iniciativas que impulsen la innovación y el aprovechamiento del talento de todos.
- Los valores y principios compartidos, así como un propósito común que fomenten la unidad y la colaboración del equipo.
- El conocimiento de las expectativas y necesidades de nuestros colaboradores y la capacidad para des-

pertar en ellos la pasión y el sentido del trabajo, reforzando la motivación intrínseca y sus posibilidades de crecimiento personal y profesional.

— Una concepción del papel de la organización en un contexto más amplio teniendo en cuenta no sólo a los trabajadores del equipo, sino también a tus clientes y a aquellos con quienes colaboras (tu círculo de relaciones concebido más ampliamente y como un todo).

— El respeto por el pasado y el concepto de legado y de la historia, de nuestra obligación de conocerla, no sólo para evitar acontecimientos que no deben volver a repetirse, sino porque la historia nos ha moldeado tal y como somos a nosotros y a todos los que nos rodean y, por ese motivo, no podemos desconocerla.

La resiliencia, en definitiva, es un concepto que, como ya hemos adelantado, está muy próxima a la actitud estoica ante la vida y, como el propio estoicismo, se ha puesto de moda. El modelo estoico de dirección, como se ha señalado, lo es de exigencia y esfuerzo, de ejercicio de la voluntad, de asunción de la realidad y adaptación a los acontecimientos, de empatía y colaboración, de aceptación de responsabilidades y de superación de obstáculos para conseguir objetivos (segunda y tercera competencias del modelo).

A este respecto, se ha aludido, reiteradamente, a la metáfora de la lucha y a las contrariedades y obstáculos que forman y curten al individuo como parte irrenunciable de su vida e, incluso, a la figura de Séneca como precursor del concepto de "antifragilidad" al que el estoicismo, como se ha señalado, está aún más próximo que al de resiliencia.

Y... ¿Qué dicen los estoicos?

"El hombre se vuelve, a la vez, me atrevo a decirlo, mejor y más estimado, si se sirve de los contratiempos que experimenta". (Marco Aurelio. *Pensamientos*).

"Aceptemos con buen ánimo todo lo que se ha de padecer por la constitución del universo; estamos sujetos a la obligación de soportar las condiciones de la vida mortal y no perturbarnos por lo que no está en nuestro poder evitar". (Séneca. *Sobre la felicidad*).

- *The Undoing Project: A Friendship that Changed the World*[138]. (Michael Lewis, 2017). Se centra en el correcto uso de la razón, la toma de decisiones y la influencia de determinados sesgos y prejuicios que pueden inducirnos a error.

  Se plantea, por tanto, la preocupación por la elaboración de juicios en situaciones de incertidumbre y se cues-

---

[138] *Proyecto de desatado: Una amistad que cambió el mundo.* [Se ha optado por una traducción literal del término "undoing" (desatar o deshacer) sustantivándolo. Se hace, de esta manera, referencia, en el título, a los diferentes estudios de los autores en los que se centra este libro (Kahneman y Tversky)] cuyo objeto es deshacer, desatar y, en definitiva, aclarar los malentendidos (la segunda acepción del término "desatar" en el diccionario de la RAE es, precisamente, la de "aclarar o deshacer malentendidos"), sesgos o asunciones a priori que condicionan la elaboración de nuestros juicios y la toma de decisiones basadas en ellos.

tiona la concepción de las personas como seres enteramente racionales.

En su libro, Lewis analiza la obra de los psicólogos Daniel Kahneman y Amos Tversky cuyos trabajos se centran en cuestiones tales como: la percepción sensorial y cómo los sentidos pueden engañarnos a la hora de interpretar la realidad, la manera en la que el cerebro logra obtener significado integrando fragmentos de realidad en una única visión de conjunto y, fundamentalmente, cuál es el procedimiento para la elaboración de juicios y la toma de decisiones que consideran que está condicionado por la intervención de diferentes sesgos que ellos denominan "heurísticas".

En su artículo "Judgment under uncertainty: heuristics and biases"[139] Kahneman y Tversky llaman la atención sobre el hecho de que, aunque el recurso a las heurísticas simplifica y facilita el procedimiento para la toma de decisiones, la información en la que se basan es de una validez o fiabilidad limitada que conduce a errores graves y sistemáticos.

Se distinguen tres tipos de heurísticas que intervienen en la elaboración de juicios:

---

[139] *El juicio en situaciones de incertidumbre: heurísticas y sesgos.* Respecto a la toma de decisiones y la influencia de las heurísticas que aborda el libro de Lewis, Salim Ismail, en *Organizaciones exponenciales,* que se analiza en la razón 8, tras identificar los diferentes tipos de heurísticas, llama la atención sobre la utilidad de los algoritmos y la IA para hacerles frente. *Vid:* Ismail, Salim (2016): *Organizaciones exponenciales,* Madrid, Bubok Publishing. Página 103.

- De representatividad: se basa en la similitud entre un hecho y la representación mental que tenemos de él en función de la información que nos facilitan nuestros sentidos y que puede no ajustarse objetivamente a la realidad.

- De disponibilidad: la influencia de la memoria o el recuerdo de un hecho que se repite en nuestro entorno puede condicionar nuestra percepción sobre su frecuencia real.

- De ajuste o anclaje: se plantea en supuestos en los que es preciso realizar una predicción numérica y se utiliza un dato parcial, pero más fácilmente utilizable y cuya importancia se sobrevalora para llegar a una conclusión determinada y ya preconcebida.

El problema de las heurísticas se acentúa en el caso de los decisores y responsables al más alto nivel tanto de las organizaciones públicas como privadas, toda vez que decisiones cruciales se adoptan hoy en día (como hace miles de años) en términos de deseos y preferencias intuitivas de un puñado de hombres en una posición de autoridad.

Debemos, en consecuencia, evitar que lo instintivo, lo intuitivo y lo sensorial no contrastado se impongan a lo racional y demostrable. Precisamente, la cuestión de la recta razón basada en los juicios rectos y de una percepción ajustada a la realidad es una constante en el pensamiento estoico.

La filosofía estoica entiende que debemos ejercitar un *habitus animi* ("un hábito del alma", una predisposición interior) una *compositio mentis*[140] (disposición u organización de nuestra mente) ya citada al hablar del *critical thinking* que haga que, en todo momento, intervenga en el pensamiento y en la acción, la razón.

De esta manera, la razón ejerce su *imperium* (su poder e influencia) sobre la sensibilidad que es la que nos facilita la información del exterior y nos permite, en definitiva, discernir lo verdadero, evitando que suframos por la "ilusión de un mal" y no por un mal realmente efectivo y que seamos víctimas de una percepción no ajustada de la realidad provocada por esas "falsas representaciones" a las que se ha hecho referencia reiteradamente.

La *perfecta ratio* (recta razón), la acción o conducta correcta dependerá, en última instancia, del "juicio" que ratificará o no la *opinio* (opinión), es decir, la representación que nos hemos formado de la realidad o situación a la que, en cada momento, nos enfrentamos.

A través del juicio: "se realiza o bien la autonomía del alma o bien su sumisión a las cosas exteriores". El juicio sólo será recto y adecuado si se somete a la razón porque sólo así serán posibles una voluntad y una conducta autónomas e independientes (segunda competencia del modelo estoico de dirección).

---

[140] *Vid.* Grimal, Pierre. (2009): *Séneca,* Madrid, Gredos. Páginas 365-369.

Y... ¿Qué dicen los estoicos?

"Pero tenemos a nuestra disposición a la razón, dueña y señora de todo, la cual valiéndose de sus propias fuerzas y progresando siempre se convierte en virtud perfecta. El hombre debe mirar que sea ella la que mande a aquella parte del alma que debe obedecer". (Cicerón. *Disputaciones tusculanas*).

" ...solamente la razón es inmutable y tenaz en su juicio, pues no sirve a los sentidos, sino que los domina... la virtud no es otra cosa que la recta razón". (Séneca. *Cartas a Lucilio*).

"Es feliz, por tanto, el que tiene un juicio recto; es feliz el que está contento con las circunstancias presentes, sean las que quieran, y es amigo de lo que tiene; es feliz aquel para quien la razón es quien da valor a todas las cosas de su vida". (Séneca. *Sobre la felicidad*).

- *The Power of Ethics: How to Make Good Choices in a Complicated World*[141] (Susan Liautaud. 2021) trata de la dificultad de una conducta ética y de la toma de decisiones coherentes con nuestros principios[142], de la importancia de tener la

---

[141] *El poder de la Ética como tomar decisiones en un mundo complejo.*

[142] Sobre esta cuestión, *Vid.* Nota 150 sobre Fromm y la robotización del individuo y también: Floravante, R y Vaccaro, A: "Horizonte 2050. El futuro del management. La ética en las decisiones empresariales del futuro", *Harvard Deusto Business Review.* Número 350, diciembre de 2024. Los autores reflexionan sobre la importancia, en un contexto de avance imparable de la IA, de conjurar el peligro de la adopción de comportamientos no éticos, de evitar que la IA escape al control de los directivos o de descuidar el impacto que esta

información necesaria sobre la realidad que nos rodea y de valorar previamente el impacto de nuestras decisiones sobre los demás en un entorno digital y de posverdad.

Si queremos salvar una ética más amenazada que nunca en un tiempo "fake" y de "muerte de la verdad"[143], es preciso en primer lugar protegerla, solo así será posible preservar, a su vez, la libertad y la democracia.

Liautaud expone metódicamente y con precisión cuáles son las amenazas actuales para la ética y la verdad, cuáles son los tres pilares de la ética y cuáles son los cuatro elementos a tener en cuenta a la hora de tomar decisiones éticas.

— Identifica seis grandes retos para una conducta ética: el predominio de un planteamiento binario de los problemas que simplifica las percepciones de la realidad y sacrifica los matices y perspectivas alter-

---

poderosa herramienta pueda tener sobre los trabajadores (se estima que la IA generativa podría afectar a un porcentaje, sobre el total de las actividades, que oscilaría entre el 60% y el 70%), garantizando su necesario reciclaje y el respeto de su dignidad y sus derechos. *Vid.* tambien nota 114 y, en particular, el artículo del Foro Económico Mundial: "Cómo los mercados laborales mundiales pueden repetir el éxito de 2023 en 2024." en relación con la IA Generativa y otras tecnologías que, además del aumento de puestos de trabajo para desarrollar esas herramientas, podrían remodelar el mercado laboral en general. https://es.weforum.org/stories/2024/01/como-los-mercados-laborales-mundiales-pueden-repetir-el-exito-de-2023-en-2024/

Para disfrutar de una muy recomendable y entretenida introducción a un tema tan árido como el de la IA, *Vid.* Cantero Palacios, Félix (2021): *Inteligencia Artificial y Cultura Pop,* Madrid, Dextra editorial/SKR.

[143] *Vid.* al respecto el certero y ya citado ensayo de Michiko Kakutani: *La muerte de la verdad: Notas sobre la falsedad en la era Trump.*

nativas, la fragmentación del poder que dificulta su control, la difuminación de las fronteras entre la inteligencia humana y la inteligencia artificial, el ataque a los 3 pilares de la ética (fundamentalmente por la complejidad, evolución constante y, en algunos casos, dificultad de acceso a la información), la aparición de lo que la autora denomina como una "verdad comprometida" (la "posverdad" en la que priman las emociones y convicciones personales frente a la racionalidad y los hechos contrastados) y, finalmente, el contagio, extensión y normalización, por diferentes medios (internet, redes, media), de conductas no éticas estimuladas por un contexto de posverdad.

- Establece tres pilares de la toma ética de decisiones: la transparencia (implica compartir toda la información relevante sobre la materia en cuestión), el acuerdo consentido sobre la acción que ha de llevarse a cabo (basado en la comprensión de la propia acción y de sus consecuencias) y, por último, la escucha efectiva o activa (supone tener en cuenta el mayor número de puntos de vista posibles en relación con el asunto al que nos enfrentamos).

- Por último, establece cuatro pasos o elementos a tener en cuenta para asegurar una decisión ética que nos obligan a: actuar desde los principios, contar con la mejor información posible en términos cuantitativos y cualitativos (escucha activa, plantearse preguntas, asegurar fiabilidad de los hechos e informaciones) definir los actores implicados por nuestra decisión y prever sus consecuencias deseadas o indeseadas.

De ética, de participación, de reflexión y escucha, de coherencia con nuestros principios y del buen uso de la razón que hace posible el buen discernimiento y una autonomía de nuestro pensamiento que nos hace libres y responsables, puede enseñarnos mucho el estoicismo. También no es poco lo que tiene que aportar sobre un adecuado conocimiento del entorno, el análisis de las consecuencias de nuestros actos, las apariencias, las pulsiones emocionales y las apariencias que pueden nublar nuestra percepción y nuestro juicio para la toma de decisiones en un mundo *fake*. (*Vid.* segunda y tercera competencia del paradigma de dirección estoica).

Y... ¿Qué dicen los estoicos?

"... Ante todo procura ser consecuente contigo mismo... que todos tus hechos [conducta] y dichos [principios y valores] no se contradigan y correspondan a ellos mismos y sean batidos por un mismo molde. No se encuentra en línea recta el alma de aquel cuyas obras no concuerdan". (Séneca *Cartas a Lucilio*).

"No te asocies a las opiniones que los insolentes juzgan verdaderas, sino que debes examinar las cosas en sí mismas y por lo que son en realidad". (Marco Aurelio. *Pensamientos*).

"... También es propio de buen ingenio prevenir con el pensamiento el futuro, determinar con anticipación qué puede suceder por una y otra parte, y lo que debe hacerse en cada uno de los casos, y no comportarse de modo que nos expongamos a tener que decir alguna vez: no lo había pensado". (Cicerón. *Sobre los deberes*).

- *The Fearless Organization: Creating Psychological Safety in the Workplace for Learning, Innovation, and Growth*[144]. (Amy Edmondson, 2018). Como en el caso del trabajo de Girod y Králik sobre la oportunidad de un reseteo del management, se reivindica la necesidad de la seguridad psicológica y la confianza en el trabajo y se destaca su relevancia para generar un entorno y un clima laboral que estimule la colaboración, la participación de todos y la innovación.

A juicio de Edmonson, la seguridad psicológica permite a la organización hacer frente a los desafíos de un entorno cada vez más complejo incierto e interdependiente. Por este motivo, propone a los líderes y directivos lo que denomina como una "caja de herramientas" para definir un contexto laboral de seguridad y confianza que tendrá como resultado un equipo de trabajo más comprometido, activo y con mayor iniciativa. A ese respecto, se recuerdan las aportaciones de Schein y Bennis que entienden que la seguridad psicológica permite a las personas preocuparse más por la consecución de objetivos compartidos y menos por lo que los demás puedan pensar de nuestro desempeño y aportaciones. En un entorno psicológicamente seguro, todos creen que si se equivocan o piden ayuda los demás reaccionarán positivamente y ello les permite expresarse con entera libertad aportando ideas y contestando y formulando preguntas sin miedo a ser castigados o juzgados por ello.

---

[144] *La organización sin miedo: creando seguridad psicológica en el lugar de trabajo para el aprendizaje, la innovación y el crecimiento.*

En resumen, la seguridad psicológica es importante en una organización porque facilita la generación de conocimiento, la innovación y el crecimiento.

Para lograr una organización psicológicamente segura, Edmondson realiza diferentes propuestas que implican:

- Invitar a la participación y expresar sus opiniones e ideas con entera libertad, favoreciendo la comunicación y la exposición de diferentes puntos de vista y, en definitiva, la participación.
- No tener miedo a equivocarse y aprender de los errores.
- Facilitar una comunicación constante y plantearse preguntas.
- Reconocer las aportaciones de los demás y valorarlas.
- Manifestar una actitud humilde y curiosa (los líderes y directivos) que explicite que nadie está en posesión ni de todas las respuestas ni de las mejores preguntas.
- Tener una actitud abierta a la participación y a la escucha activa.
- Contar con unos objetivos compartidos y fijar un propósito claro de la organización que motive a sus miembros y dé sentido a su trabajo.
- Sancionar las malas prácticas de aquellos que pueden poner en peligro la consecución de los objetivos o el trabajo de los demás.

Todos los elementos que favorecen la seguridad psicológica según Amy Edmonson están incluidos en la tercera competencia del modelo de dirección estoico analizado: "Priorizar a las personas, motivar y liderar".

Y... ¿Qué dicen los estoicos?

"De todas las cosas, no hay ninguna más apta para guardar y conservar nuestro poder que ser amados y nada más contrario que ser temidos... el temor es mal guardián de un poder duradero; la benevolencia en cambio, lo guarda durante toda la vida...". (Cicerón. *Sobre los deberes*).

"Penetra hasta el interior del corazón de cada uno y permite también que todos puedan penetrar hasta el interior del tuyo". (Marco Aurelio. *Pensamientos*).

"Acostúmbrate a escuchar sin distracción todo lo que otro dice y penetrar todo lo posible en el espíritu del que habla". (Marco Aurelio. *Pensamientos*).

"... aseguro que la virtud debe tener por cometido propio el conciliar los ánimos de los hombres e inducirlos a cooperar en las propias ventajas...". (Cicerón. *Sobre los deberes*).

- *Open to Think: Slow Down, Think Creatively and Make Better Decisions*[145]. (Dan Pontefract. 2018) versa sobre la importancia de la reflexión previa a la acción y el pensamiento abierto y creativo. Plantea, igual que en *The Undoing Project,* el problema de la elaboración de juicios fiables cuando el

---

[145] *Abierto a pensar: tómate tiempo, piensa creativamente y adopta mejores decisiones.*

tiempo apremia y hace especial énfasis en la necesidad de recuperar la capacidad de pensar, de tomarse tiempo para reflexionar e informarse, así como a la importancia de ejercitar nuestra capacidad para un pensamiento crítico y profundo que nos ayude a escapar de las decisiones basadas en impulsos meramente emocionales, especialmente, en un mundo en el que se imponen la brevedad, la fragmentación de la realidad, el *"multitasking"* y los problemas asociados a un creciente déficit de atención.

Pontefract, presta especial atención a una serie de consejos vinculados con esos asuntos que, en la Razón 4, hemos denominado como el "repertorio estoico" y nos plantea la necesidad de:

— Realizar un esfuerzo cognitivo para rechazar cualquier tipo de desinformación, mentira, falsedad o emoción que puedan distorsionar nuestra toma de decisiones. (Lo resume en el sencillo consejo de evitar los *Thinking shortcuts* o "atajos del pensamiento"[146]).

— Establecer buenos hábitos de pensamiento que permitan la elaboración de juicios correctos.

— Potenciar nuestras capacidades para la observación, la reflexión y la escucha.

---

[146] A este respecto, *vid.* lo expuesto en relación con las "heurísticas", auténticos atajos para la formación de los juicios y la toma de decisiones, en este mismo apartado al abordar el contenido del libro *The Undoing Project: A Friendship that Changed the World.*

- Utilizar el diálogo, el método de preguntas y respuestas, el de la "mayéutica socrática"[147] o "elenco" al que se refiere explícitamente.

- Potenciar el pensamiento crítico para tener un criterio propio que sea la base del pensamiento creativo y la innovación y, después, del pensamiento aplicado.

- Establecer un clima de confianza y seguridad que no reprima la libre expresión, el contraste de opiniones y de diferentes puntos de vista y, en definitiva, el desarrollo del pensamiento creativo de nuestros colaboradores.

- Mantener el equilibrio entre pensar y hacer, de manera que superemos tanto la indecisión como cualquier bloqueo del pensamiento, garantizando que exista una relación fluida entre el pensamiento crítico, el pensamiento creativo y el pensamiento aplicado.

- Asegurar el gobierno de nosotros mismos (mediante el autocontrol y el autoconocimiento) que es previo al gobierno de los demás en todo ejercicio de funciones ejecutivas.

---

[147] La "contemplación de Sócrates" según Bloom a la que, reiteradamente, se ha hecho referencia como método fiable y contrastado de aproximación a la realidad. A este respecto, debe subrayarse que elementos esenciales que definen la *mayéutica socrática*, como la empatía, el diálogo, la diversidad y el contraste de pareceres están en la base de novedosas herramientas como el *design thinking,* un método de trabajo que pretende afrontar y solucionar los problemas y retos a los que deben hacer frente las organizaciones de nuestro tiempo y que se basa, precisamente, en observar, empatizar e interactuar, haciendo así posible la exposición de diferentes puntos de vista y la realización de aportaciones que faciliten la creación de soluciones innovadoras.

Entre los clásicos del management contemporáneo:

— También Peter Drucker ha reivindicado la razón y una detenida reflexión como bases de la eficacia del directivo cuando afirma que: "Sólo concentrando el esfuerzo de una manera racional y organizada puede uno llegar a dar el gran salto en el desarrollo personal... pensar a fondo y analizar aquello que debe ser considerado estudiado y probado debe convertirse en un hábito tanto para la persona eficaz como para la gente con la que trabaja".

— Igualmente, Pérez López, en sus *Fundamentos de Dirección de Empresas,* nos recuerda que: "Los animales actúan siguiendo únicamente los impulsos de su motivación espontánea [instintos y pasiones que deforman la realidad]... los humanos pueden modificar ese impulso... podría hablarse de una motivación racional que tendría que controlar de algún modo esa motivación espontánea para poder imponer la ejecución de una acción distinta de aquella para la cual el impulso es máximo...".

En esta misma línea de la necesidad de tomarse un tiempo para pensar y hacer un buen uso de la razón que evite que seamos arrastrados por los acontecimientos a causa de decisiones no meditadas, se encuentra la obra de Pontefract.

En relación con ello, son constantes las advertencias en otros trabajos como los de Nicholas Carr *(Superficiales. ¿Qué está haciendo Internet con nuestras mentes?)* Byung Chul Han *(No Cosas. Quiebras del mundo actual)* o, más recientemente, las de Johann Hari *(El valor de la atención).*

Según Hari, vivimos una crisis de atención[148] y un acelerado proceso de degradación cognitiva provocado por un torrente de mails, tuits, banners, alertas, *stories*, mensajes, memes y emoticonos que, poco a poco, nos están invalidando para desempeñar tareas intelectualmente complejas.

En igual sentido, Carr subraya cómo internet afecta a la forma en que nuestro cerebro procesa la información y se fomenta la lectura somera y el pensamiento superficial, en un contexto que estimula funciones de nivel más bajo similares a la de los ordenadores y que están relacionadas con la localización y clasificación de información, pero no con su análisis y valoración. Corremos, así, el riesgo de convertirnos en meros consumidores de datos, robotizados e incapaces de retener la información y menos aún de aprehenderla, relacionarla, sintetizarla o reelaborarla.

Internet es un *"ecosistema de tecnologías de la interrupción"* en el que se privilegia la realización de tareas múltiples *(multitasking)* y se dificulta la capacidad para prestar atención a una sola cosa. La cacofonía de estímulos cortocircuita el pensamiento profundo y creativo.

A su juicio, el precio de las tecnologías es: "… la alienación, un peaje que puede salirnos particularmente caro en el caso de nuestras tecnologías intelectuales.

---

[148] Antonio Núñez en: *¡Será mejor que lo cuentes!,* hace un especial énfasis en esta cuestión esencial en nuestros días al utilizar el concepto de "economía de la atención" con el que quiere poner de manifiesto la dificultad y la competencia existente en un entorno tecnológico multicanal para captar la atención de nuestros posibles destinatarios. Igualmente, Daniel Innerarity, en *La democracia del conocimiento,* afirma que: "la riqueza de información y la pobreza de atención son dos caras de la misma moneda: a mayor información disponible, más exigente es la gestión que hemos de hacer de nuestra atención".

Las herramientas de la mente amplifican y a la vez adormecen las más íntimas y humanas de nuestras capacidades naturales: las de la razón, la percepción la memoria, la emoción".

Por su parte, Byung Chul Han, insiste igualmente en el hecho de que: "La información y los datos no tienen profundidad. El pensamiento humano es más que cálculo y resolución de problemas. Despeja e ilumina el mundo. Hace surgir un mundo completamente diferente. La inteligencia de las máquinas entraña, ante todo, el peligro de que el pensamiento humano se asemeje a ella y se torne él mismo maquinal"[149].

---

[149] En relación con esta cuestión y en un mundo donde la inteligencia artificial cobra cada vez mayor protagonismo conviene recordar a Erich Fromm cuando afirmaba en *La condición humana actual,* como un auténtico visionario, que: "Creamos máquinas que obran como hombres y producimos hombres que obran como máquinas. El peligro del siglo XIX era que nos convirtiéramos en esclavos; el peligro del siglo XX no es que nos convirtamos en esclavos, sino en robots". Efectivamente, en el caso de la implementación de la IA, existen una serie de innegables beneficios para las empresas, el individuo y la sociedad que se traducen en un incremento de la productividad y del crecimiento económico. Sin embargo, la IA también cuenta con una serie de riesgos asociados a su uso que requieren ejercer un eficaz control sobre esta poderosa herramienta para que sea el ser humano el que la domine y no a la inversa.

A este respecto, Nick Bostrom, filósofo y pensador transhumanista de la Universidad de Oxford, considera que la SIA (la "superinteligencia artificial" o IA en su último estadio) será : "un intelecto mucho más inteligente que el mejor cerebro de los humanos" que, dotado de unas extraordinarias facultades, contará con una ventaja estratégica en seis campos diferenciados, a saber: la amplificación de la inteligencia, la planificación estratégica, la manipulación social, el pirateo/hackeo no ético, la investigación tecnológica y la productividad económica. Recogido por Félix Cantero Palacios en el libro ya citado: *Inteligencia Artificial y Cultura Pop,* de la obra de Nick Bostrom: *Superintelligence, Paths, Dangers, Strategies.* Oxford University Press, 2014.

Corren por tanto más peligro que nunca la razón, la reflexión que nos guían a la hora de tomar decisiones y son garantes de que el individuo pueda tener un criterio y una opinión propios y sentido crítico frente a la realidad en la que está inmerso.

En este punto, el estoicismo es un claro defensor de la razón y la reflexión como herramientas esenciales para tener un buen conocimiento del entorno y para contar con una guía que nos permita actuar correctamente según cada circunstancia, evitando la precipitación y que seamos arrastrados por los acontecimientos, los impulsos no meditados o las opiniones no contrastadas. (Dos primeras competencias del modelo estoico de dirección).

Y... ¿Qué dicen los estoicos?

"Son pocos los que se ordenan con reflexión a sí mismos y a sus asuntos: los demás según sucede con las cosas que flotan en los ríos, no andan son llevados". (Séneca *Cartas a Lucilio*).

"Marcha con paso firme: si quieres sujetarlo todo bajo tu dominio, sujétate a la razón. Si la razón te gobierna, gobernarás a muchos; de ella aprenderás qué y cómo debes emprenderlo; no tendrás tropiezos... Es vergonzoso no ir, sino el ser llevado". (Séneca *Cartas a Lucilio*).

"No hemos de trabajar en cosas inútiles o por motivos sin sentido...Diríjase pues, su trabajo hacia una meta y busque un resultado seguro. A los inquietos y locos no los mueve un negocio, los mueven las falsas imágenes de las cosas...". (Séneca. *De la serenidad del alma*).

"El que ignora a qué puerto se dirige no tiene ningún viento bueno". (Séneca. *Cartas a Lucilio*).

8. OCTAVA RAZÓN. La adecuación a las nuevas necesidades de las organizaciones en la "era de la incertidumbre[150]"

Con carácter general, las actuales organizaciones basadas en la información e integradas por trabajadores del conocimiento altamente cualificados son más planas y flexibles y tienen como prioridades, por una parte, centrarse en su capital humano, especialmente atrayendo, conservando y motivando a este tipo de trabajadores en un entorno de confianza y responsabilidad, y, por otra parte, fijarse propósitos ambiciosos y atractivos que tengan un impacto positivo sobre la comunidad e, incluso, sobre el mundo en su conjunto. (Se centran, en definitiva, en *las personas y el impacto sobre la comunidad en su conjunto*).

Si tenemos en cuenta dos aportaciones recientes en el ámbito de los estudios de organización: *Reinventar las organizaciones* de Frederic Laloux y *Organizaciones exponenciales de* Salim Ismail, tanto el "teal evolutivo" que es el modelo organizacional propuesto por el primero como las "organizaciones exponenciales" (EXO´s) del segundo, están próximas a esa tendencia general de las organizaciones de nuestro tiempo que coincide con los

---

[150] La expresión "era de la incertidumbre" *(The Age of Uncertainty)* que se ha generalizado fue acuñada por J.K. Galbraith y utilizada como título de un libro publicado en 1977 en el que se refería a los interrogantes e incertidumbre de la economía en el siglo XX y el reto de la desigualdad. Galbraith, partidario del enfoque social de la economía, reflexionaba sobre una época de desarrollo de la sociedad de consumo de masas, planteando la contradicción que existía en Estados Unidos entre la elevada oferta de bienes de consumo y la debilidad de los servicios sociales.

planteamientos esenciales de la alternativa de dirección estoica que se propone en este libro.

- *El modelo organizativo del "teal evolutivo" de Laloux* plantea un cambio radical de la concepción, filosofía, estructura y funcionamiento de las organizaciones, prestando una *atención prioritaria a las personas*. En relación con ello, nos recuerda las palabras de John Naisbitt cuando afirma que: "Los más apasionantes avances revolucionarios del siglo XXI no ocurrirán por la tecnología, sino por un concepto expansivo de aquello que significa ser humano".

  En esta misma línea y además de lo expuesto al hacer referencia a la necesidad de un nuevo *"management humanista":*

  – Carles Ramió considera que: "… deberíamos dejar de lado parcialmente nuestros esfuerzos en los diseños organizativos y enfrentarnos al problema real, que son las personas, sus conductas y sus liderazgos. Es decir, tendríamos que centrarnos más en el elemento subjetivo del sistema (las personas) y no tanto en el elemento objetivo (el diseño organizativo)… Los profesionales poseen competencias cada vez más sofisticadas y evolucionadas, pero son personas que siguen ancladas en sus pulsiones más primarias".

  – Juan Antonio Pérez López[151] afirma también que: "… Lo esencial de la acción del líder es que ésta

---

[151] *Vid.* Pérez López, Juan Antonio (2006): *Fundamentos de la dirección de empresas*, Madrid, Rialp.

modifica los motivos por los que actúan sus subordinados. En los análisis afinados de liderazgo, se llega a mencionar explícitamente que el líder se caracteriza por elevar los motivos de quienes les siguen, influyéndoles para que actúen por motivos más nobles, de mayor calidad".

El enfoque propuesto por Laloux, eminentemente humanista, racional y centrado en la persona es el del estoicismo, un enfoque basado en una reconexión del hombre consigo mismo y con sus semejantes que le permite superar las "influencias perniciosas" que vienen del exterior, del egoísmo y de esas pulsiones, impulsos y pasiones que generan su motivación más instintiva y espontánea (frente a la motivación racional).

En las nuevas organizaciones reinventadas de Laloux, el individuo se *distancia ("desidentifica") de su yo para buscar la plenitud con los demás*, se guía por sus *convicciones más profundas* y es consecuente con ellas, busca, mediante la introspección. Su *propósito en la vida* (que no es triunfar, sino *ser expresión más auténtica de sí mismo* y honrar sus capacidades y vocación personal *al servicio de la humanidad*: autorrealización y autotrascendencia). *Conoce bien el contexto*, aprende a enfrentarse a los contratiempos, se vale no sólo de los hechos y cifras, sino también de la intuición y su dimensión espiritual (totalidad) y *sustituye el control por la confianza y la responsabilidad dando lugar a organizaciones menos jerárquicas y más flexibles, adaptativas e innovadoras en las que prima la* autogestión y la colaboración, así como una visión de confianza y abundancia. (frente a la del miedo y la escasez).

La *coherencia con nuestros principios y valores y la proximidad y preocupación por los demás* y por la comunidad son básicos. Ambos pilares: *consistencia y solidaridad o autotrascendencia sustentan la alternativa estoica de gestión y organización* que también postulan autores del management contemporáneo como Drucker. El paradigma "teal" se distingue del "naranja–logro", que se considera dominante en el mundo de las empresas y los negocios y cuya meta principal es vencer a la competencia y conseguir beneficios y crecimiento.

- *Por lo que se refiere a las "organizaciones exponenciales"* de Ismail: *como en el caso del "teal evolutivo", conceden la máxima importancia al propósito,* un propósito *de transformación radical de la realidad* que transciende a la organización e impacta en su entorno, proporcionando significado a sus miembros (autotrascendencia) y que *es también resultado de la introspección y la autoconciencia del líder:* "No te preguntes lo que el mundo necesita, pregúntate qué te hace sentir vivo y ve a por ello" (H. Thurman).

Como Laloux, subrayan el papel central de las personas, reivindicando el cuidado y la atención a la comunidad formada por quienes comparten el propósito de la organización (dentro o fuera de ella), *su motivación y el estímulo de su compromiso* con el fin de facilitar su participación y la realización de aportaciones.

Proponen nuevas formas de organización que, basadas en la autonomía, la confianza y la responsabilidad (no en el control propio de las organizaciones jerárquicas tradicionales) *la empatía, la diversidad enriquecedora y un aprendizaje constante, generen seguridad y una visión de la realidad ajustada* (importancia de información, constante y su manejo), optimista *y de abundancia.* Reconocen, como hemos visto que hacía Laloux al comienzo de este trabajo, la *importancia de la enseñanza de la historia para las organizaciones* y su testimonio del fracaso de las estructuras jerárquicas dirigidas de arriba abajo.

Se trata, en definitiva, de organizaciones que, como se propone en el paradigma estoico, están comprometidas con su comunidad, tienen un propósito claro de transformación del entorno, son más planas, democráticas, diversas y flexibles, comparten, entre sus miembros, visión, valores e intereses y crean un clima de trabajo motivador y colaborativo que retiene y atrae el talento generando conocimiento e innovación.

9. NOVENA RAZÓN. La sintonía de la "dirección estoica" con el perfil y los rasgos que definen al "líder del futuro"

Las características del modelo directivo estoico coinciden, en lo sustancial, con las que se considera que ha de contar el directivo y líder del futuro[152].

Esas características fueron ya identificadas, tal y como ya se ha señalado, por Edgard Schein en su trabajo *El liderazgo y la cultura*

---

[152] *Vid.* también a este respecto: Reina, R. y García de Castro, A: "Horizonte 2050. El futuro del management. "Qué tipo de talento necesitaremos para afrontar lo que está por venir", *Harvard Deusto Business Review*. Número 350, diciembre de 2024. Del contenido del citado artículo, que es convergente con lo expuesto en la Razón 6 sobre los informes del Foro Económico Mundial acerca de los "Trabajos del Futuro", se desprende, igualmente, que los elementos constitutivos del *"talento directivo del futuro"*, coinciden con los del perfil del "directivo estoico" expuestos en la Razón 4 de este libro.

organizacional. Se trata de la capacidad para *tener una visión o percepción ajustada del mundo* y de uno mismo, la "fuerza emocional" o *habilidad para manejar la propia inquietud y la de los demás,* la importancia de un *aprendizaje fiable y riguroso y de un perfeccionamiento permanente* que nos permita hacer frente a la incertidumbre y al estrés o la necesidad de alentar, en todo momento, un liderazgo inclusivo *que cuente con la participación de todos* en términos tanto de conocimientos como de destrezas.

Más recientemente y de forma certera, Jacob Morgan ha reformulado, en su magnífico y reciente libro *The Future Leader,* las actitudes y habilidades del líder del futuro.

A juicio de Morgan, lo esencial es contar con una visión a largo plazo y comprometerse con la humanización de tu empresa u organización. Para lograrlo, distingue diferentes actitudes y habilidades que coinciden, básicamente, con las del "directivo estoico" y ese repertorio de recomendaciones convergentes con las de la sabiduría de los clásicos del management.

Según este autor, es fundamental contar con una visión a largo plazo y comprometerse con la humanización de tu empresa u organización.

Las cuatro actitudes y cinco habilidades de su modelo son las siguientes:

- La actitud 1, el "Explorador": implica *plantearse preguntas y tener sentido crítico* para buscar nuevas formas de hacer las cosas. (Se relaciona en el paradigma estoico con el papel central de la razón como base del sentido crítico y de nuestro criterio propio.)
- La actitud 2, el "Chef": encuentra un *equilibrio entre las necesidades humanas (sentido al trabajo*: autorrealización, autotrascendencia) *y tecnológicas* (instrumentales) de una empresa

("HumanIT"/Humanitas). (Se relaciona en el paradigma estoico con la relevancia que se concede tanto a la motivación intrínseca como trascendente, fundamentales ambas para la mejora del individuo individual y socialmente.)

- La actitud 3, el "Servidor": *apoya a sus colaboradores para obtener lo mejor de ellos.* (Se relaciona en el paradigma estoico con la necesidad de priorizar a las personas, elevar sus motivos y hacerlas mejores.)

- La actitud 4, el "Ciudadano Global" que tiene *una visión sistémica y cosmopolita* que valora la diversidad. (Se relaciona en el paradigma estoico con la importancia de contar con una visión sistémica y de conjunto de la realidad y con la solidaridad universal que inspira su cosmopolitismo.)

- Habilidad 1, el "Futurista": *estudia el entorno e intenta anticiparse,* valorando todos los posibles escenarios y los factores que pueden influir en los resultados esperados. (Se relaciona en el paradigma estoico con la adecuada percepción de la realidad y su aceptación y adaptación a ella, siendo a la vez proactivos.)

- La habilidad 2, "Yoda": *utiliza la inteligencia emocional,* la empatía y la autoconciencia *para crear un buen clima laboral* (entorno de colaboración y seguridad psicológica). (Se relaciona en el paradigma estoico por reivindicar la autoconciencia y el conocimiento y control de uno mismo y una actitud abierta y asertiva que estimula la colaboración y genera confianza como requisito imprescindible para motivar y liderar.)

- La Habilidad 3, el "Traductor": *escucha y se comunica de manera efectiva, alineando y conectando a todos en una organización.* ("unidad" integración de intereses y objetivos). (Se relaciona en el paradigma estoico por la importancia que este concede a la palabra, a la capacidad de saber escuchar y comunicar, así como de unificar los objetivos e intereses individuales con los de la organización.)

- La Habilidad 4, el "Entrenador": *motiva, involucra, inspira y enseña.* (Mejora continua). (Se relaciona en el paradigma estoico por su compromiso para hacer mejores a aquellos con quienes trabajamos y el ejercicio de esa *función educacional* del directivo a la que se refería Drucker y que, en los estoicos, se sustenta en una ejemplaridad basada en principios y un perfeccionamiento constante.)

- La habilidad 5, el "Adolescente de *la tecnología", valora su importancia y está abierto a ella* como una herramienta imprescindible en un entorno digital. (Se relaciona en el paradigma estoico con la apertura de mente y la atención que se presta a la evolución y los cambios del entorno en el que desarrolla su actividad.)

10. DÉCIMA RAZÓN. Steve Jobs: el sorprendente ejemplo de un "líder estoico" de nuestro tiempo

Creo que todo lo expuesto a lo largo de este trabajo demuestra razonadamente la validez y vigencia del estoicismo en el mundo actual y, en particular, en el ámbito del management y de la dirección de empresas.

Me gustaría concluir subrayando este hecho mediante un ejemplo muy concreto de una figura señera, de un gurú de dicho ámbito.

Para ello, voy a recurrir a la más impactante de las tres tipologías de gurú que, como nos recuerda Brad Jackson, distingue

Huczynski (académicos, consultores y héroes), el "gurú-héroe", caracterizado por ser líder de una gran corporación que se dedica a difundir su experiencia y cuyo éxito y carisma le dotan de un aura casi mítica que le convierte en referente e incontestable modelo a seguir.

Estoy convencido de que la mayoría coincidimos en que dos son los gurús con la consideración de grandes héroes: el "héroe de Microsoft", Bill Gates, y el desaparecido "héroe de Apple", Steve Jobs.

Poco después de la muerte de Steve Jobs, leí un artículo de prensa que, titulado "La filosofía de la innovación", empezaba reconociendo que Jobs enseñó más con su trabajo y con su vida que con sus clases magistrales, pero a continuación, no renunciaba a hacer un repaso de las recomendaciones que el "héroe de Apple" nos había legado en sus intervenciones públicas. (Especialmente condensadas en su discurso en la ceremonia de graduación de la universidad de Stanford el 12 de junio de 2005.)

El artículo sugería, atinadamente, que esas recomendaciones podían constituir un manual de valores en la posmodernidad que es un tiempo sin guías ni puntos de referencia. Si reconozco el sobresalto que me produjo una coincidencia literal entre los textos de Stephen Covey y Epícteto cuando ambos se referían a la "chispa divina[153]", no fue menor la sorpresa que me produjo descubrir al "Jobs estoico".

No quiero decir que lo fuera conscientemente porque sus fuentes de inspiración, tal y como la documentada biografía escrita por Walter Isaacson, eran las del budismo y la espiritualidad

---

[153] Esa parte de la razón universal que, como se ha señalado, reside en todo hombre.

oriental. Sin embargo, los puntos de contacto entre ambas perspectivas (la estoica y la budista) son nucleares[154].

De hecho, en el libro *Cómo ser un estoico,* M. Pigliucci insiste en las similitudes entre el estoicismo y el budismo al que denomina como su "primo oriental".

Respecto a esta proximidad de estoicismo y budismo, se ha pronunciado también, aunque de forma bastante más desinhibida y poco académica, el economista y pensador Nassim Taleb cuando afirma en su obra ya citada *Antifrágil* que: "Para quienes se pregunten la diferencia entre el budismo y el estoicismo, tengo una respuesta muy simple. Un estoico es un budista con un punto de chulería que le dice al destino 'que te den'".

Éstas son algunas de esas coincidencias entre ambas corrientes de pensamiento:

- La *realidad se concibe como un todo integrado* en el que sus partes cobran sentido. (Esa unidad es "Ahimsa" en el budismo y "razón" en el estoicismo).
- *La serenidad y la felicidad* ("sukha" en el budismo y "apatía" o *tranquillitas* en el estoicismo) *sólo son posibles si superamos la ignorancia* ("samsara" en el budismo, "stultitia" en el estoicismo) mediante una introspección sincera. ("Gom" o "bhavana" son, en el budismo, meditación que se correspondería con el o "souci de soi" o "cura sui").
- *El conocimiento real y ajustado de la realidad exige depurarla de nuestras elaboraciones mentales.* Es un tema recurrente en el estoicismo la necesidad de superar las "falsas representa-

---

[154] *Vid.* Ricard, M. (2005): *En defensa de la felicidad,* Barcelona, ediciones Urano.

ciones". En el budismo, se habla del "velo" que, formado las percepciones de los sentidos, nos impide ver la realidad. (Velo de Maya).

- *La plenitud y el equilibrio no se consiguen desde el egoísmo, sólo se alcanzan compartiéndolos con los demás.* ("Ahimsa es un concepto budista que se refiere a la unidad de todas las cosas, también del individuo con sus semejantes. En el estoicismo, el término *humanitas* vincula a todos los seres humanos que comparten una misma naturaleza racional y que es base de su cosmopolitismo. (Tb. "Kharma" y causa y efecto).

- *La tranquilidad sólo se alcanza cultivándonos con trabajo y práctica constantes.* Tanto desde el budismo como desde el estoicismo se considera que para alcanzarla es necesaria la práctica de la meditación y otras técnicas. En el caso de los estoicos, como *askesis,* como conjunto de reglas y prácticas para alcanzar el perfeccionamiento espiritual, entre ellas, la reflexión y la práctica de técnicas de meditación. En el hinduismo cabe, destacar numerosas herramientas y métodos de meditación como el "Samatha" o "Vipassana").

- *Los contratiempos y las desgracias* ("dukha" en el budismo, "mala" en el estoicismo) *nos hacen progresar,* no debemos limitarnos a soportarlos pasivamente, sino utilizarlos como palanca de nuestra transformación interior. (*Quae nocent, docent*).

Puede ayudarnos a entender esta proximidad de planteamientos el concepto de "tiempo-eje" al que se refiere Jaspers (en la obra ya citada *Origen y meta de la Historia*), se trata de un momento aproximadamente 500 años antes de Cristo, en el que, transcendiendo religiones y culturas diferentes, Buda, Sócrates, Platón,

Aristóteles o Confucio coincidieron en un único mensaje que constituye la esencia del pensamiento estoico: "La respuesta para una vida ética reside dentro del hombre mismo y el orden y la armonía universales sólo pueden alcanzarse si la gente desarrolla un sentido de la comunidad y del deber más amplio que supere los egoísmos individuales y familiares[155]".

Si repasamos las recomendaciones de Jobs recogidas en el artículo de prensa citado, todas ellas pertenecen al repertorio de la filosofía estoica.

Podemos comprobarlo si contrastamos las propuestas de ambos:

- Ten tu propio criterio. Busca en tu interior y confía en ti.

  Jobs: "No dejes que los ruidos de las opiniones de los demás acallen tu voz interior". "Si tú lo deseas, puedes volar, sólo tienes que confiar mucho en ti".

  Epícteto: "Si haces alguna cosa, convencido de que es tu deber hacerla, no busques medios para evitar que otros la vean, por desfavorable que pueda ser el juicio que de ti y de tu acción se forme".

- Trabaja para la comunidad humana de la que eres miembro (y reconoce la herencia que, de ella, has recibido).

  Jobs: "Todo lo que hago depende de otros miembros de nuestra especie... y muchos de nosotros queremos contribuir con algo para devolverle el favor a nuestra es-

---

[155] Watson, Paul (2006): *Ideas. Historia Intelectual de la Humanidad*, Barcelona, Editorial Crítica. Página 191.

pecie y para añadir algo nuevo al flujo de humanidad". "Tratamos de utilizar el talento que sí tenemos para expresar nuestros sentimientos más profundos, para mostrar nuestro aprecio por todas las aportaciones que vinieron antes que nosotros y para añadir algo a esa corriente. Eso es lo que me ha motivado".

Marco Aurelio: "Y puesto que existe cierta afinidad entre yo y las partes de mi especie, no haré nada que sea perjudicial para la sociedad, ¿qué digo?, me ocuparé particularmente de mis semejantes, dirigiré toda mi actividad hacia todo lo que contribuya al bien general, evitando cualquier cosa que le sea perjudicial".

- Aprovecha el tiempo.

    Jobs: "Si vives cada día de tu vida como si fuera el último, algún día tendrás razón".

    Séneca: "Pero aquel que gasta todo su tiempo en su personal utilidad, que cuidadosamente planea cada uno de sus días como si fuera el último, ni desea ni teme el mañana".

- Trabaja y sé constante.

    Jobs: "La mitad de lo que separa a los emprendedores exitosos de los no exitosos es la perseverancia".

    Séneca: "Se debe perseverar y aumentar tu fortaleza con un trabajo asiduo, hasta que tu espíritu esté en buenas condiciones...".

    Epícteto: "Aspirando a bienes tan grandes, no olvides que no ha de ser poco el trabajo que emplees en conseguirlos".

- Exígete a ti mismo y haz las cosas bien hechas.

Jobs: "Probablemente sólo tengamos la oportunidad de hacer unas cuantas cosas que de verdad sean excepcionales y hacerlas bien. Ninguno de nosotros tiene ni idea de cuánto vamos a estar aquí".

Epícteto: "No olvides que eres actor en una obra, corta o larga, cuyo autor te ha confiado un papel determinado… procura realizarlo lo mejor que puedas. Porque, si ciertamente no depende de ti escoger el papel que has de representar, sí el representarlo debidamente".

- No te desanimes por las dificultades que puedan surgir en el camino.

Jobs: "A veces la vida te va a golpear en la cabeza como un ladrillo. No pierdas la fe".

Epícteto: "No te desanimes por nada en ocasión alguna; imita, por el contrario, a los maestros del pugilato que cuando ven a un novato rodar por el suelo le obligan a levantarse y volver a la lucha".

- El éxito y la gloria como motivación.

Jobs: "Quieres vender agua azucarada el resto de tu vida o quieres hacer historia" (Es la pregunta que Jobs le hace a John Sculley, presidente de "Pepsi-Cola" cuando le propone fichar por "Apple" para responsabilizarse de una ambiciosa estrategia cuyo objeto es mejorar la comercialización de sus productos. En la biografía dice "… o quieres una oportunidad para cambiar el mundo", pero el sentido es el mismo.)

Cicerón: "... recuerda que sus antepasados habían realizado muchas e importantes empresas llevados por el deseo de gloria".

• Reivindicación de Sócrates. En coherencia con la llamada a mirar hacia nuestro interior, hace una vindicación explícita de Sócrates. No olvidemos que Sócrates es considerado claro precursor del estoicismo por su defensa de la razón y del autoconocimiento como garantes del espíritu crítico de los hombres. Además, Sócrates fue pionero en una nueva concepción de la filosofía apegada a la realidad cotidiana, sentando así las bases de la filosofía para la acción estoica.

Jobs: "Cambiaría toda mi tecnología por una tarde con Sócrates".

Epícteto: "Sócrates pudo llegar a la perfección: haciendo que todas las cosas sirvieran a su fin y perfeccionamiento y tan sólo siguiendo y obedeciendo la razón".

Cicerón: "Sócrates fue el primero que hizo descender la filosofía del cielo, la colocó en las ciudades, la introdujo también en las casas y la obligó a ocuparse de la vida y de las costumbres del bien y del mal".

En 1841, casi siglo y medio antes de que Jobs creara su primer Macintosh, Ralph Waldo Emerson, destacado representante del estoicismo (neoestoicismo) norteamericano, reivindicaba, en su obra *Confianza en uno mismo,* la necesidad de que el individuo recuperara la fe en sí mismo y en su propio criterio como clave, tanto para el éxito y la paz personales, como para el progreso de las naciones.

En palabras de Emerson: "Ojalá un estoico revelase a los hombres cuántos recursos hay en ellos y les advirtiese que no son sauces llorones y... que, si ejercitan la confianza en sí mismos, se les revelarán nuevas fuerzas; que el hombre es verbo hecho carne, nacido para traer salud a las naciones...".

Tanto Emerson como después Jobs, nos proponen que el sujeto vuelva la mirada hacia su interior y que recupere su vinculación con la comunidad, dos rasgos esenciales del estoicismo que, como hemos comprobado, tienen un claro reflejo en el sintético "compendio estoico" de Jobs que se ha analizado.

Es razonable concluir que lo que fue tan "útil" para Steve Jobs es dudoso que no pueda serlo hoy para el resto de los líderes y directivos, aun cuando todo ello tenga sus orígenes hace miles de años.

CONCLUSIÓN

Mi propósito cuando, a finales de 2019, publiqué *El Directivo Estoico. ¿Nueva o vieja gestión de la res publica?,* era el de desvelar la relación y convergencia existentes entre las aportaciones de los principales filósofos del estoicismo romano con las propuestas de algunos de los clásicos más destacados del management contemporáneo. Subrayaba, además, la coincidencia entre esas dos sabidurías, la estoica y la directiva, en sus recomendaciones para hacer frente a los problemas de dos momentos históricos con indudables analogías.

Con este nuevo libro, *10 razones para una dirección estoica,* pretendo cerrar el ciclo: "filósofos del estoicismo romano -clásicos del management -management actual", exponiendo, de manera más sintética y directa, los argumentos que avalan la idoneidad del modelo de dirección estoica en nuestros días y vinculándolo, no sólo como se hacía en *El Directivo Estoico,* con algunos de los autores más reconocidos del management contemporáneo, sino también con las más novedosas aportaciones realizadas en los últimos años a la literatura en la materia.

De la exposición y análisis de las *10 Razones* que vertebran este libro, podemos concluir, con mayor rotundidad, que el milenario, pero actual, pensamiento estoico da una vez más muestras de esa "extraña vitalidad" y de esas "duraderas influencias en épocas más recientes" a las que, como hemos visto, se refiere Julián Marías.

Una vitalidad e influencias que se trasladan también al ámbito de la dirección y gestión de organizaciones, toda vez que, como en tiempos de la tardía República Romana y el Imperio, responden a la inquietud y necesidades de un momento, igualmente, marcado por la desorientación, la incertidumbre y el miedo.

No sólo reitero el mensaje con el que se cerraba *El Directivo Estoico:*

> Dejémonos ayudar, atendamos a lo que el pasado pueda ofrecernos, reconozcamos y aprovechemos la herencia recibida, tengámosla en consideración, valorémosla en cuanto nos pueda ser útil, "escuchemos con los ojos a los muertos", "caminemos a hombros de gigantes", los gigantes del estoicismo romano, que nos van a permitir avanzar en todos los aspectos de la vida y que, en el particular ámbito del management y del gobierno de las organizaciones, ponen a nuestra disposición un sugestivo modelo de "dirección estoica"...

...sino que insisto en que, ahora, es más necesario que nunca contar con el legado de quienes nos precedieron, en concreto con el de los destacados autores del estoicismo romano, que nos invitan a:

- Tener una visión integral y ajustada de la realidad.
- Recuperar la reflexión y utilizar correctamente la razón.

- Restablecer algún tipo de ejemplaridad basado en la virtud.
- Restaurar la complicidad y solidaridad del individuo con sus semejantes.

La filosofía estoica nos traslada, esencialmente, un mensaje de humanización y nada hay más humano que la facultad que nos distingue del resto de los seres vivos, la razón cuyo buen uso nos hace virtuosos, libres y solidarios.

La certera máxima de que "liderar es liberar" sólo será posible desde la perspectiva de un "management humanista" que es el reivindicado por el "paradigma de dirección estoica".

Sobre humanidad, el estocismo, que acuñó el término *humanitas* y concibió por ello la más humana de las filosofías, tiene hoy mucho que enseñarnos.

BIBLIOGRAFÍA

Arendt, Hannah (1996): *Entre el pasado y el futuro*, Barcelona, Ediciones Península.

Arias Maldonado, Manuel (2024): *Pos]verdad y Democracia*, Barcelona, Página indómita.

Barrow, R.H. (2000): *Los Romanos*, Fondo de Cultura Económica, México.

Bass, Bernard M (1985): *Leadership and Performance beyond Effectiveness*, L.A, Free Press Ed.

Bauman, Zygmunt (2006*): La vida líquida*, Barcelona, Espasa.

Beard, Mary (2016): *SPQR*, Barcelona, Crítica.

Birley, Anthony (2009): *Marco Aurelio. La biografía definitiva*, Madrid, Gredos.

Bouchoux, Jean Charles (2016): *Los perversos narcisistas*, Barcelona, Arpa y Alfil editores.

Byung Chul-Han (2017): *La expulsión de lo distinto*, Barcelona, Herder.

— (2021): *No cosas. Quiebras del Mundo de Hoy*, Madrid, Taurus.

Bloom, A. (1989): *El cierre de la mente moderna*, Barcelona, Plaza y Janés.

Braunstein, J-F (2024): *La religión Woke. Anatomía del movimiento irracional e identitario que está poniendo en jaque a Occidente*. Madrid, La Esfera de los Libros.

Camps, Victoria (2003): *Virtudes Públicas*, Madrid, Espasa-Calpe.

Cantero Palacios, Félix (2021): *Inteligencia Artificial y Cultura Pop*, Madrid, Dextra editorial/SKR.

Carr, Nicholas (2011): *Superficiales ¿Qué está haciendo Internet con nuestras mentes?*, Madrid, Taurus.

Cicerón (2008): *Sobre los deberes*, Madrid, Alianza Editorial.

— (1989): *La República y las leyes*, Madrid, Akal.

— (2005): *Disputaciones Tusculanas*, Madrid, Gredos.

Clavé, Christophe (2020): *Les voies de la Stratégie*. París, MA éditions.

Collins, J. (2011): *Empresas que sobresalen: Por qué algunas sí pueden mejorar la rentabilidad y otras no*, Barcelona, Deusto.

Copleston, F. (2007): *Historia de la filosofía Vol. 1. Grecia y Roma*, Barcelona, Ariel.

Covey, S. (2010): *Los siete hábitos de la gente altamente efectiva*, Barcelona Paidós Ibérica.

Crozier, M. (1984): *No se cambia la sociedad por decreto*, Madrid, INAP.

Delumeau, Jean (1977): *La Reforma*, Barcelona, Editorial Labor.

De la Guardia, Carmen (2004): "Hacia un Imperio republicano. Estados Unidos de América del Norte", incluido en *Memoria e identidades*, Justo Beramendi y María Xesús Baz coordinadores, Universidad de Santiago de Compostela, Santiago de Compostela.

Douthat, Ross. (2022): *La sociedad decadente*, Barcelona, Ariel.

Drucker, Peter. F (2011): *La Práctica del management*, Madrid, Ciro ediciones (Edición especial para el diario Expansión).

— (2003): *Drucker esencial*, Barcelona, Edhasa.

Edmondson, Amy. (2018): *The Fearless Organization: Creating Psychological Safety in the Workplace for Learning, Innovation, and Growth*, Hoboken (New Jersey), John Wiley & Sons.

Epícteto (2010): *Disertaciones por Arriano*, Madrid, Gredos.

— (2008): "Máximas", incluido en *Los estoicos*, Madrid, Nueva Acrópolis (NA) Editorial.

Fernández Aguado, Javier (2011): *Roma Escuela de directivos*, Madrid, LID Editorial.

— (2009): *Ética a Nicómaco*, Madrid, LID Editorial.

— (2003): *Management: la enseñanza de los clásicos. Paradigmas y anécdotas empresariales,* Barcelona, Ariel.

Ferguson, Niall (2012): *La gran degeneración. Cómo decaen las instituciones y mueren las economías,* Barcelona, Debate.

Fernández, C.J. (2007): *Vigilar y Organizar. Una introducción a los Critical Management Studies,* Madrid, Siglo XXI.

Frankl, Viktor (2003): *Ante el vacío existencial. Hacia una humanización de la psicoterapia,* Barcelona, Herder.

Foucault, Michel (2005): *La hermenéutica del sujeto,* Madrid, Akal.

Furedi, Frank (2022): *Cómo funciona el miedo. La cultura del miedo en el siglo XXI,* Madrid, Rialp.

García-Borrón, Juan Carlos (1956). *Séneca y los estoicos. Contribución al estudio del senequismo,* Barcelona, Imp. Ezclviriana y librería Cami.

García-Gual, Carlos e Ímaz, Mª Jesús (2007): *La Filosofía Helenística,* Madrid, Síntesis.

Gibbon, Edward (2011): *Decadencia y caída del Imperio Romano (Volumen I),* Gerona Atalanta.

Giddens, A. (2000): *Un mundo desbocado,* Madrid, Taurus.

Girod, Stéphane J.G y Králik Martin (2021): *Resetting Management: Thrive with Agility in the Age of Uncertainty,* Londres, Kogan Page.

Goleman, Daniel (1999): *Inteligencia emocional,* Barcelona, Editorial Kairós, 1999.

Grant, Adam (2022): *Piénsalo otra vez: el poder de saber lo que no sabes,* Barcelona, Deusto.

Grimal, Pierre (2007): *La civilización Romana,* Barcelona, Paidós Ibérica.

— (2005): *Historia de Roma,* Barcelona, Paidós.

— (2009): *Séneca,* Madrid, Gredos.

— (2013): *Cicerón,* Madrid, Gredos.

Gros, F. y Lévy, C. (2003): *Foucault y la filosofía antigua,* Nueva Visión, Buenos Aires.

Hardt, M y Negri, A. (2005): *Imperio,* Barcelona, Paidós.

Hari, Johann (2023): *El valor de la atención: Por qué nos la robaron y cómo recuperarla,* Barcelona, Península.

Haverfield, F. (1915): *The Romanization of Roman Britain*, London, Oxford University Press.

Heselbein, F., Goldsmith, M. y Beckhard, R. (1996). *El líder del Futuro*, Barcelona, Deusto.

Hingley, R. (2000): *Roman Officers and English Gentlemen. The Imperial origins of Roman Archaeology*, Londres, Routledge.

Horacio (2001): *Sátiras*, Madrid, Alianza Editorial.

Horkheimer Max y Adorno T. W. (2009*): Dialéctica de la Ilustración. Fragmentos Filosóficos*, Madrid, Trotta.

Hutchins, Giles (2022): *Leading by Nature: The Process of Becoming A Regenerative Leader*, Royal Tunbridge Wells (Inglaterra), Wordzworth Publishing.

Ignatieff, Michael (2023): *En busca de Consuelo.Vivir con esperanza en tiempos oscuros*, Madrid, Taurus.

Isaacson, Walter (2011): *Steve Jobs. La biografía*, Barcelona, Penguin Books.

Ismail, Salim (2016): *Organizaciones exponenciales*, Madrid, Bubok Publishing.

Italo Calvino (2015): *Por qué leer los clásicos*, Madrid, Siruela.

Jackson, Brad (2003): *Gurús anglosajones: Verdades y mentiras*, Barcelona, Ariel.

Jaspers, Karl (1985): *Origen y meta de la Historia*, Madrid, Alianza Editorial.

Juvenal (2010): *Sátiras*, Madrid Alianza Editorial.

Kakutani, Michiko (2019): *La muerte de la verdad: Notas sobre la falsedad en la era Trump,* Barcelona, Galaxia Gutenberg.

Laín Entralgo, Pedro. "Sobre el ser de España". *Nueva Revista de Filología Hispánica*, III, Num. 3, 1949.

Laloux, Frederic (2016): *Reinventar las organizaciones*, Barcelona, Arpa Editores.

Lapuente, Víctor (2015): *El retorno de los chamanes. Los charlatanes que amenazan el bien común y los profesionales que pueden salvarnos*. Barcelona, Península.

— (2021): *Decálogo del buen ciudadano*, Barcelona, Península.

Lewis Michael (2017): *The Undoing Project: A Friendship that Changed the World*, Londres/N.York, Penguin Books.

Liautaud, Susan (2021): *The Power of Ethics: How to Make Good Choices in a Complicated World*, N. York, Simon & Schuster LTD.

MacGregor Burns, James (2003): *Transforming Leadership*, New York, Grove Press.

MacIntyre, Alasdair (2009): *Tras la virtud*. Barcelona, Editorial Crítica.

Malamud, Margaret (2007): *Ancient Rome and Modern America*, Oxford, Wiley-Blackwell.

Marco Aurelio (2008): "Pensamientos", incluido en *Los estoicos*, Madrid, Nueva Acrópolis (NA) Editorial.

Marías, Julián (1980): *Biografía de la filosofía*, Madrid, Alianza Editorial.

Marsden, Noll y Hatch (1989): *The Search for Christian America*, Colorado Springs, Helmers & Howard.

Martín García, Miguel Ángel (2019): *El directivo estoico. ¿Nueva o vieja gestión de la res publica?*, Madrid, Dextra editorial.

— (2022): *El directivo en tiempos de incertidumbre. La enseñanza de los clásicos del "management" contemporáneo*, Madrid, SKR ediciones/Dextra editorial.

Meadows, Donella (2022): *Pensar en sistemas*, Madrid, Capitán Swing.

Mintzberg, H: (1983): *La naturaleza del trabajo directivo*, Barcelona, Ariel.

Moatti, Claudia. (2008): *Razón de Roma*. Madrid, Antonio Machado libros.

Mommsen, Theodor (1983) *Historia de Roma. Libro III*, Madrid, Turner.

Morgan, Jacob (2020): *The future leader*, Hoboken (New Jersey), John Wiley & Sons.

Morris, Ian (2014): *¿Por qué manda Occidente… por ahora? Las pautas del pasado y lo que revelan sobre nuestro futuro*. Barcelona, Ático de los libros.

Mosterín, Jesús (2007): *Helenismo. Historia del pensamiento*, Madrid, Alianza Editorial.

Nye, J.S (2011): *Las cualidades del líder*, Barcelona, Paidós.

O´Keeffee, Niamh (2020): *Future Shaper. How leaders can take charge in an uncertain world,* Londres, Kogan Page.

Ordine, Nuccio (2017): *Clásicos para la vida,* Barcelona, Acantilado.

— (2013): *La utilidad de lo inútil,* Barcelona, Acantilado.

Ortega Parra, Antonio (2006): *La antigua Roma. Valores para el éxito empresarial,* Madrid, Pearson.

Ortega y Gasset, José (2007): *¿Qué es filosofía?,* Madrid, Alianza Editorial.

— (1989). *Una interpretación de la Historia Universal.* Madrid, Alianza Editorial, 1989.

— (1976): *Del Imperio Romano,* Madrid, Revista de Occidente.

— (2008): *La rebelión de las masas,* Madrid, Espasa-Calpe.

Pariser, Eli (2017): *El filtro burbuja. Cómo la web decide lo que leemos y lo que pensamos,* Madrid, Taurus.

Pérez de Tudela, Jorge (2008): *El Pragmatismo Americano,* Madrid, Síntesis.

Pérez López, Juan Antonio (2006): *Fundamentos de la dirección de empresas,* Madrid, Rialp.

Pigliucci (2018): *Cómo ser un estoico,* Barcelona, Ariel.

Pohlenz, Max (2022): *La Stoa. Historia de un movimiento espiritual,* Barcelona, Taurus.

Pontefract, Dan (2018): *Open to Think: Slow Down, Think Creatively and Make Better Decisions,* Vancouver, Figure 1 Publishing.

Puente Ojea, Gonzalo (1974): *Ideología e historia. El fenómeno estoico en la sociedad antigua,* Madrid, Siglo XXI editores.

Ramió, Carles (2017): *La Administración Pública del futuro. Horizonte 2050. Instituciones, política, mercado y sociedad de la innovación.* Madrid, Tecnos.

Putnam, R (2003): *El declive del capital social,* Barcelona, Galaxia Gutenberg.

Ricard, M. (2005): *En defensa de la felicidad,* Barcelona, ediciones Urano.

Richard, C.J. (2009): *The Golden Age of the Classics in America. Greece, Rome and the Antebellum United States,* Cambridge (Massachusetts), Harvard University Press.

Rocher, G. (1983): *Introducción a la Sociología General,* Barcelona, Herder, 1983.

Roldán, José Manuel (2009): *Historia de Roma. Tomo I. La República Romana,* Barcelona, RBA.

Roldán J.M, Blázquez, J.M y Del Castillo, A (2012): *Historia de Roma. Tomo II. El Imperio Romano,* Madrid, Cátedra.

Sanford, Carol (2022) *The regenerative business: Redesign Work, Cultivate Human Potential, Achieve Extraordinary Outcomes,* Londres, Nicholas Brealey Publishing.

Séneca (2006): *Cartas a Lucilio,* Barcelona, Editorial Juventud.

— (2008): *Sobre la felicidad,* Madrid, Alianza Editorial.

— (2009): *Tratados Morales,* Madrid, Espasa Calpe.

Shahar, Tal Ben (2011): *La búsqueda de la felicidad: Por qué no serás feliz hasta que dejes de perseguir la perfección,* Barcelona, Alienta editorial.

Steiner, G y Ladjali, C (2016): *Elogio de la transmisión,* Madrid, Siruela.

Taleb, Nassim, N (2012): *El cisne Negro,* Barcelona, Planeta.

— (2016) Antifrágil, Barcelona, Planeta.

Tang, Audrey (2021): *The Leader's Guide to Resilience: How to Use Soft Skills to Get Hard Results,* N.York, Pearson Education.

Tocqueville, A. (2001): *La democracia en América,* México, Fondo de Cultura Económica.

Todd, Emmanuel (2024): *La derrota de occidente, Madrid, Akal.*

Torralba, José María (2022): *Una educación liberal,* Madrid, Ediciones Encuentro.

VV.AA. (Aguilar López y otros) (2002): *Management español: los mejores textos. Barcelona, Ariel.*

VV.AA. (Blanchard, Broadwell) (2018): *El liderazgo servicial. Los mejores expertos opinan para obtener grandes resultados.* Barcelona, empresa Activa.

VV.AA. (Camps, Victoria ed. 2007): *Historia de la Ética. 1. De los griegos al Renacimiento,* Barcelona, Crítica.

VV.AA (Goleman, Boyatzis, McKee. 2007): *El Líder resonante crea más.* Barcelona, Plaza & Janés.

VV.AA.: (Hutchins, Giles y Storm, Laura. 2019): *Regenerative Leadership: The DNA of life-affirming 21st century organizations,* Royal Tunbridge Wells (Inglaterra), Wordzworth Publishing.

VV.AA: (Levitsky, S. y Ziblatt D. 2018) *Cómo mueren las democracias,* Barcelona, Planeta.

VV:AA: (Lukianoff, G y Haidt, J. 2019) *La transformación de la mente moderna, Barcelona, Deusto.*

VV.AA: (Mackey, J y Sisodia, R. 2016): *Capitalismo consciente*, Barcelona, Empresa Activa.

VV.AA: (Marcet, Xavier y García Javier. 2023), *Management humanista. La estrategia son las personas,* Barcelona, Plataforma editorial.

VV.AA: (Shahar, Tal Ben y Ridgey, Angus. 2017): *The Joy of Leadership: How Positive Psychology Can Maximize Your Impact (and Make You Happier) in a Challenging World,* Hoboken (New Jersey), John Wiley & Sons.

VV.AA: (Zenger, J. y Folkman, J. 2014): *El líder Extraordinario*, Barcelona, Profit Editorial.

VV.AA "Horizonte 2050. El futuro del management", *Harvard Deusto Business Review.* Número 350, diciembre de 2024. Barcelona, Deusto.

Walbank, F.W. (1981): *La pavorosa revolución*, Madrid, Alianza Editorial.

Watson, Paul (2006): *Ideas. Historia Intelectual de la Humanidad,* Barcelona, Editorial Crítica.

Weber, Max (2010): *La ética protestante y el espíritu del capitalismo*, Madrid, Alianza Editorial.

Whetten, David y Cameron, Kim (2016): *Desarrollo de Habilidades Directivas*, México, Pearson.

Winterer, Caroline (2004): *The Culture of Classicism. Ancient Greece and Rome in American Intellectual life. 1780-1910*, Baltimore, Maryland, The Johns Hopkins University Press.